W0078143

Florenz

Anke Dörrzapf hat in Florenz begonnen, Italienisch zu lernen. Später studierte sie Politik, Kunstgeschichte und Italienisch. Sie arbeitet als Reise- und Kunstjournalistin sowie als Kinderbuchautorin. Auf ihren Recherchen kommt sie oft nach Florenz.

 Familientipps

 Diese Unterkünfte haben behindertengerechte Zimmer

Preise für ein Doppelzimmer mit Frühstück:

€€€€ ab 300 €   €€ ab 100 €
€€€ ab 200 €   € bis 100 €

Preise für ein dreigängiges Menü ohne Getränke:

€€€€ ab 90 €   €€ ab 35 €
€€€ ab 50 €   € bis 35 €

Inhalt

◄ Toller Blick aus dem Giardino delle Rose
(▶ S. 57) auf die »Skyline« von Florenz.

Unterwegs in Florenz 48

Spaziergänge und Ausflüge 82

Wissenswertes über Florenz 96

✳ Karten und Pläne

Die Koordinaten im Text verweisen auf die
Karten, z. B. ▶ S. 114, B 3.

Willkommen in Florenz Kunstschätze
im Überfluss, dazu Feinschmecker-Metropole und Shoppingparadies – die toskanische Hauptstadt ist ein Gesamtkunstwerk.

Als die Altstadt von Florenz 1982 in die Liste des UNESCO-Weltkulturerbes aufgenommen wurde, hieß es zur Begründung: »Jede Rechtfertigung hierfür ist lächerlich und unverfroren« – schließlich befinde sich hier die »weltgrößte Anhäufung universell bekannter Kunstwerke«. So einfach ist das manchmal.

Und die UNESCO hat vollkommen recht. Florenz erlebte in der Renaissance eine einzigartige Blüte: Brunelleschi baute die Domkuppel, eines der Wahrzeichen der Stadt. Michelangelo schuf weltberühmte Statuen wie den David, konstruierte Kapellen, Giotto errichtete den Campanile. Die Maler Masaccio, Ghirlandaio, Botti-

celli arbeiteten in der Stadt. Eine einzigartige Dichte an weltberühmten Sehenswürdigkeiten war die Folge.

Aber nicht nur die bildende Kunst gedieh in der Renaissance, auch Literatur von Weltrang entstand am Arno: Dante, Boccaccio und Petrarca schrieben Werke, welche die europäische Dichtung bis in die Moderne beeinflussen. Der Philosoph Niccolò Macchiavelli verfasste seinen »Fürsten«, einen Klassiker über die Tyrannenherrschaft. Eine kulturelle Blüte, von der die Stadt bis heute gut lebt: Mehr als 6 Mio. Touristen pro Jahr wollen die Gebäude, Skulpturen und Gemälde von Michelangelo, Giotto und Co. sehen.

◄ Auf der Piazza Santo Spirito (▶ S. 66) sitzt man abends schön im Freien.

Neben den vielen Kunst-Highlights kommt der ganz profane Genuss nicht zu kurz. Schließlich erfüllt Florenz alle Erwartungen an ein klassisches Sehnsuchtsziel in der Toskana.

Das Toskana-Feeling

Nur wenige Kilometer vom Zentrum entfernt erstrecken sich die ersten Olivenhaine auf den umliegenden Hügeln und geben einen Postkartenblick auf die Stadt frei. In den engen Gassen mit Kopfsteinpflaster riecht es nach frisch gesägtem Holz aus den Werkstätten und »caffè« aus den Bars. Man sieht Schuhmacher über feinstes Leder streichen oder Florentiner beim Frühstück an der Theke eine »brioche« essen. Ladenbesitzer stehen vor ihrem Geschäft und unterhalten sich mit den Nachbarn, und im kleinen Lebensmittelgeschäft packt der Besitzer ein paar Äpfel, Nudeln und Tomaten für eine Kundin zusammen, die er persönlich beliefert, weil sie sich am Fuß verletzt hat. Während sich im Zentrum zwischen Dom und Ponte Vecchio viele Touristen drängen, ist es auf der anderen Seite des Flusses, im »Oltrarno«, ruhiger. Den Alltag der Menschen können Besucher hier vor allem in den Vierteln Santo Spirito und San Frediano beobachten. Viele Florentiner wohnen dort, weil die Preise nicht so hoch sind wie rund um Baptisterium und Piazza della Signoria. Und noch etwas kann man in Florenz ganz wunderbar: essen. Von Feinschmeckerlokalen bis zur kleinen Trattoria mit bodenständiger, traditioneller Küche – in Florenz gibt es eine riesige Auswahl sehr guter und durchaus günstiger Restaurants. Man muss sich nur ein wenig abseits der Touristenströme begeben.

Handwerk und Mode

Ebenfalls in der Renaissance legte Florenz den Grundstock für ein noch immer praktiziertes Kunsthandwerk, das die Stadt zu einem wahren Shoppingparadies macht: Schon vor über 500 Jahren verkaufte Florenz seine Stoffe in ganz Europa, heute kreieren Designer wie Roberto Cavalli, Salvatore Ferragamo, Emilio Pucci und das Haus Gucci hochwertige Mode. Und wie früher gibt es noch die vielen kleinen Kunsthandwerksbetriebe, die Möbel bauen, Silberbecher gravieren, Seide weben, Ledertaschen nähen oder Mosaiktische dekorieren, in hoher Qualität und handgemacht. Das gute Essen, die Kunstwerke, die vielen Läden, das Toskana-Feeling – all das führt natürlich dazu, dass es vor allem in der Altstadt eng wird. Vor den Hauptsehenswürdigkeiten muss man oft Schlange stehen, da die Stadt auch zum Programm vieler Reisender aus Übersee gehört. Verkehrstechnisch ist es dagegen in den letzten Jahren ruhiger geworden: Florenz hat seine Fußgängerzone inzwischen immens ausgeweitet. Früher glich ein Bummel im Zentrum eher der Beschreibung des Danteschen Fegefeuers, weil man zwischen Auspuffgasen ständig Vespas, Taxis und Lastwagen ausweichen musste. Am schönsten ist Florenz aber noch immer früh am Morgen: wenn die Geschäfte ihre Jalousien hochfahren, man das Dampfen der Kaffeemaschinen hört, die Florentiner in schicken Klamotten zur Arbeit gehen und die Sonne langsam die gelb getünchten Fassaden der Palazzi erwärmt.

MERIAN-TopTen

MERIAN zeigt Ihnen die Höhepunkte der Stadt: Das sollten Sie sich bei Ihrem Besuch in Florenz nicht entgehen lassen.

 Battistero San Giovanni
Das wunderbare Taufhaus ist mit den berühmten Bronzeportalen von Andrea Pisano und Lorenzo Ghiberti ausgestattet (▸ S. 51).

 Duomo Santa Maria del Fiore
Die viertgrößte Kirche Europas; die Kuppel des Renaissancebauwerks entwarf Brunelleschi (▸ S. 54).

 Giardino di Boboli
Herrlich, ruhig und zentral: einer der bekanntesten Gärten Italiens mit vielen Brunnen, Statuen und Grotte (▸ S. 56).

 Piazza della Signoria
Imposanter Platz mit blutiger und zugleich großartiger Geschichte und dem Wahrzeichen der Stadt: dem Palazzo Vecchio (▸ S. 60).

 Ponte Vecchio
Die Brücke, auf der die winzigen Läden der Goldschmiede angeklebt scheinen, stammt aus dem Jahr 1345 (▸ S. 62).

 San Lorenzo mit Capelle Medicee
Ehemalige Pfarrkirche der Medici mit Grabkapellen von Michelangelo (▸ S. 63).

7 **Santa Croce**
Tolle Kirche mit Fresken von Giotto, Kruzifix von Cimabue und den Grabmälern von Macchiavelli, Galilei und Rossini (▸ S. 64).

8 **Galleria degli Uffizi (Uffizien)**
Eine der wichtigsten Kunstgalerien der Welt mit Klassikern nicht nur von Botticelli, Raffael und Leonardo da Vinci (▸ S. 72).

9 **»Davide« von Michelangelo, Galleria dell'Accademia**
Der attraktive, nackte, junge Mann ist wohl die berühmteste Statue der Kunstgeschichte (▸ S. 61, 74).

10 **Palazzo Pitti**
Im Renaissancepalast der Medici sind Werke von Tizian, Giorgione, Rubens und Raffael zu entdecken (▸ S. 79).

MERIAN-Tipps Mit MERIAN mehr erleben.
Nehmen Sie teil am Leben der Stadt und entdecken Sie Florenz, wie es nur Einheimische kennen.

 Villa La Massa
Die Medici-Villa steht mitten im Grünen direkt am Fluss. Hier nächtigt man in allem erdenklichen Luxus (▸ S. 15).

 Fuor d'Acqua
Eine erstklassige Adresse: So originell und frisch bekommt man Fisch und Meeresfrüchte selten zubereitet (▸ S. 18).

 Trattoria Mario
In diesem winzigen Lokal am Mercato Centrale stehen die Tische eng beieinander. Und man hört, wie der Koch die Schnitzel klopft (▸ S. 20).

 Silathai Thai Massage Center
Eine Wohltat gegen müde Füße nach dem Stadtbummel mit traditioneller thailändischer Massage (▸ S. 30).

 Scuola del Cuoio
Der Familienbetrieb fertigt Taschen und Geldbörsen in alter Handwerkstradition. Besucher dürfen bei der Arbeit zusehen (▸ S. 32).

 Spiaggia sull'Arno
Stadtstrand am Fluss: ein Geheimtipp, um die Füße in den Sand zu stecken und ein Getränk zu ordern (▸ S. 36).

 Volume
Entspannte, lässige und sehr beliebte Kneipe, um auf der Piazza Santo Spirito den Abend zu verbringen (▶ S. 37).

 Maggio Fiorentino
Während des altehrwürdigen Musikfestivals gastieren bekannte Dirigenten, Sänger, Orchester und Opernstars in der Stadt (▶ S. 41).

 Calcio Storico in Costume
Das traditionelle, altflorentinische Fußballspiel wird in historischen Kostümen auf der Piazza Santa Croce ausgetragen (▶ S. 42).

 Bottega dei Ragazzi, Museo degli Innocenti
Kinder dürfen hier jederzeit unangemeldet toben und sich mit allerlei Spielzeug vergnügen (▶ S. 46).

Früher oder später wird jeder auf die
Piazza della Signoria (▶ S. 60) stoßen.
Rechts im Bild ist das Reiterstandbild
von Cosimo I. de' Medici zu sehen.

Zu Gast **in Florenz**

Die Hauptstadt der Toskana ist ein perfekter Ort für
Genießer, Gourmets und Liebhaber von ausgefalle-
nem Kunsthandwerk. Schließlich hat der verfeinerte
Lebensstil hier eine jahrhundertelange Tradition.

Übernachten

Nicht gerade preiswert sind die Unterkünfte in der Stadt, dafür aber meist originell gestaltet und oft familiär geführt. Und wer will, kann in wunderschönen alten Palazzi die Nacht verbringen.

◄ Die Filmwelt der Fünfziger- und Sechzigerjahre stand Pate für die Ausstattung des Hotels Continentale (▶ S. 13).

Schlafen in verschnörkelten Himmelbetten unter historischen Fresken und Stuckdecken? In Florenz ist das kein Problem. Viele Hotels sowie Bed & Breakfasts sind geschmackvoll mit Antiquitäten eingerichtet.

Und die Auswahl ist enorm – vom modern-schlichten Designpalast der Modedynastie Ferragamo bis zum Zimmer der Privatwohnung. Kein Wunder bei über 6 Mio. Touristen im Jahr. Viele »alberghi« werden als Familienbetriebe geführt, große, internationale Ketten dominieren hier weniger als in anderen Reisezielen.

Happige Hotelpreise

Die Preise in Florenz sind ordentlich. Ein Doppelzimmer unter 100 € gilt beinahe schon als Schnäppchen – zumal, wenn es auch noch hübsch sein soll. Zusätzlich verlangt Florenz die »tassa di soggiorno«, eine Kurtaxe: Dabei entfällt 1 € pro Person und Stern am Tag. Auf die Übernachtung für zwei Personen in einem Viersternehotel muss man also noch 8 € am Tag dazurechnen.

Günstiger reist man dafür im Winter. Dann bieten viele Häuser Nachlässe an. Buchungen über das Internet oder Reiseveranstalter sind in der Regel ebenfalls günstiger als Reservierungen direkt beim Hotel.

Die in diesem Reiseführer angegebenen Preise gelten für Doppelzimmer in der Nebensaison, meist ist das Frühstück im Preis inbegriffen. Allerdings entspricht die »prima colazione« oft nur in großen Häusern unserer Vorstellung. In kleineren ist das Frühstück gern ein wenig spartanisch: Schließlich trinken Italiener nur einen »caffè« und essen dazu ein Hörnchen oder ein paar Kekse.

Palazzi auf dem Land

Wer beim Schlafen absolute Ruhe braucht, sollte sich aufs Land begeben. Viele Hotels im Zentrum sind in historischen Palazzi untergebracht, weswegen die Fenster nicht unbedingt ein Muster an Schallisolierung darstellen. Hier hört man nachts die Mofas knattern, Leute in die Bars ziehen und am frühen Morgen die Kehrmaschinen surren. Auch von außerhalb erreicht man recht schnell den Domplatz: Florenz ist keine riesige Stadt und sehr eng bebaut – daher ist man in den meisten Fällen schon in 15 bis 30 Min. im Zentrum. Wem die Auswahl der hier aufgeführten Hotels und Pensionen nicht reicht: Auf der Homepage des Fremdenverkehrsamts von Florenz www.firenzeturismo.it gibt's noch mehr.

Preise für ein Doppelzimmer mit Frühstück:

€€€€ ab 300 €	€€ ab 100 €
€€€ ab 200 €	€ bis 100 €

HOTELS €€€€

Continentale ▶ S. 120, A 14

Design mit Filmatmosphäre • Die Lobby sieht aus, als würde gleich Alain Delon um die Ecke kommen. Das Continentale ist eine Mischung aus Vintage-Look und zeitgenössischem kantigen Design. Das Duschgel stammt von Salvatore Ferragamo, dem Vater des Hotelpräsidenten. Entspannt und schick zugleich.
S. Giovanni • Vicolo dell'Oro 6 r • Bus C3, D: Bardi oder Ponte Vecchio • Tel. 0 08 00 37 46 83 57 • www.design hotels.com • 43 Zimmer • ♿ • €€€€

Lungarno ▸ S. 119, F 10

Gediegenes Designhotel • Von der Lobby sieht man den Ponte Vecchio und die Paläste der Altstadt. Die Einrichtung ist modern, aber gediegen: ein Mix aus verschnörkelten, dunklen Möbeln und viel hellen Farben. S. Spirito • Borgo S. Jacopo 14 • Bus C3, D: Ponte Vecchio oder Bardi • Tel. 2 72 61 • www.lungarnohotels.com • 73 Zimmer • €€€€

HOTELS €€€

Helvetia & Bristol ▸ S. 115, F 4

Grandhotel in der Altstadt • Haus mit Charme. Hier übernachteten der Schriftsteller Luigi Pirandello und der Komponist Igor Strawinsky. S. Maria Novella • Via dei Pescioni 2 • Bus C2: Repubblica, Bus 6, 11: Vecchietti • Tel. 2 66 51 • www.royalde meure.com • 67 Zimmer • ♿ • €€€

Residence Hilda ♈♈ ▸ S. 116, B 7

Apartments mit Hotelservice • Die Ferienwohnungen mit viel Platz in der Nachbarschaft des Doms gelten als Geheimtipp. Sie sind modern eingerichtet, zum Teil mit Philippe-Starck-Designerstühlen. Wer nicht selbst kochen will, kann auch den Room-Service nutzen. S. Giovanni • Via dei Servi 40 • Bus C1: Brunelleschi, Bus 14, 23: Bufalini • Tel. 28 80 21 • www.residencehilda. com • 12 Apartments • ♿ • €€€

Torre di Bellosguardo ▸ S. 118, B 11

Wohnen wie die Fürsten • Von der Villa mit Turm hat man einen sensationellen Blick auf Florenz. Die Gäste schlafen in alten Himmelbetten, eine Zypressenallee führt zum Anwesen. Der einzige, aber nicht ganz unerhebliche Nachteil: Es fährt kein Bus zum Hotel – man muss den ziemlich steilen Hügel hinaufwandern oder ein Taxi nehmen. Bellosguardo • Via Roti Michelozzi 2 • Bus 13: Aleardi, dann zu Fuß • Tel. 2 29 81 45 • 16 Zimmer • www.torre bellosguardo.com • €€€

HOTELS €€

B & B Casa dei Tintori ▸ S. 120, B 14

Familiär • In einer mittelalterlichen Wohnung in der Altstadt vermieten der Architekt Alfredo Ingengo und seine Frau Valeria fünf Zimmer. Jedes ist anders gestrichen – jeweils in einem Farbton, den die Färber zu Zeiten der Medici verwendeten. Alles wurde mit natürlichen Materialien renoviert, beim Frühstück verzichtet man auf Konservierungsstoffe. S. Croce • Corso dei Tintori 33 • Bus 13, 23, C3: Tintori • Tel. 2 63 97 71 • www.casadeitintori.it • 5 Zimmer • €€

La Dimora degli Angeli ▸ S. 120, A 13

Freie Sicht auf den Dom • Ein 2009 eröffnetes Bed & Breakfast mit gediegen-altmodischen Zimmern, sieben davon verfügen über Domblick – zentraler geht es kaum. S. Giovanni • Via Brunelleschi 4 • Bus 6, 11: Vecchietti, Bus C2: Pecori • Tel. 28 84 78 • 9 Zimmer • www.ladimora degliangeli.com • €€

HOTELS €

Casa Schlatter ▸ S. 117, östl. F 5

Ehemalige Künstlerwohnung • Alessandra, Urenkelin des Künstlers Carlo Adolfo Schlatter, vermietet drei individuell gestaltete Zimmer. Eines davon hat Zugang zum Garten. Außerdem zeigt sie viel originale Skulpturen und Gemälde, die ihr Vorfahre Ende des 19. Jh. hier gestaltete.

Campo di Marte • Viale dei Mille 14 •
Bus 3, 10, 17, 20, 34, 52, 54, 82,
84: Mille 04 • Tel. 0 34 71 18 02 15 •
www.casaschlatter-florence.com •
3 Zimmer • €

La Fattoressa 👫
▶ S. 118, südwestl. A 12

Wohnen auf dem Bauernhof • Ein
echter »agriturismo« gerade mal
5 km vom Stadtzentrum entfernt.
Die Zimmer in einem renovierten
Nebengebäude sind einfach, aber
hübsch mit Antiquitäten eingerichtet. Beim Frühstück servieren Angio-
lina Fusi und ihre Schwiegertochter
Obst aus eigenem Anbau.
Galluzzo • Via Volterrana 58 • Bus 36:
Volterrana 03 • Tel. 2 04 84 18 • www.
lafattoressa.it • 6 Zimmer • €

Loggiato dei Serviti ▶ S. 116, B 7

Im ehemaligen Klostergasthaus •
Das Gebäude aus dem 16. Jh. war
einst das Gästehaus des Ordens der
Serviti. Heute befindet sich darin ein
geschmackvolles Hotel mit Himmelbetten, antiken Schminktischchen
und geblümten Vorhängen.
S. Giovanni • Piazza SS. Annunziata 3 •
Bus 6, 14, 19, 23, 31: SS. Annunziata •
Tel. 28 95 92 • www.loggiatodeiserviti
hotel.it • 38 Zimmer • ♿ • €

Martin Dago B & B ▶ S. 121, D 13

Netter Service • Man glaubt, man
hätte eine eigene Wohnung. Stuckdecken, Sichtbalken und Fresken aus
dem 19. Jh. prägen das Haus, einige
Zimmer verlaufen auf zwei Ebenen.
Die Betreiber Sergio und Gabriele
kümmern sich rührend um die Gäste.
S. Croce • Via dei Macci 84 • Bus C2,
C3: Annigoni, Bus 14, 23: Agnolo •
Tel. 2 34 14 15 • www.martindago.
com • 6 Zimmer • €

MERIAN-Tipp **1**

VILLA LA MASSA 👫
▶ S. 121, östl. F 15

Gerade mal 8 km vom Zentrum
entfernt und doch herrlich ruhig
am Arnoufer inmitten einer Park-
anlage gelegen. Das Fünfsterne-
hotel in einer Medici-Villa im Stil
der Spätrenaissance hat einen
herrlichen Blick auf die Hügel
des Chianti. Elizabeth Taylor und
Clark Gable nächtigten hier, David
Bowie heiratete in der hotelei-
genen Kapelle. Ruhig, luxuriös,
geschmackvoll und kinderfreund-
lich: mit Pool, gratis Kinder- und
Erwachsenenfahrradverleih und
einem Spielplatz, auf dem man
laut toben darf. Einige Suiten mit
Terrasse zum Arno. Ideal, um sich
vom Trubel der Stadt auszuruhen.
Sehr gutes Restaurant.
Firenze Candeli • Via della Massa
24 • Gratis-Shuttleservice zum Ponte Vecchio oder Bus 48: Candeli
01/02 • Tel. 6 26 11 • www.villala
massa.it • 37 Zimmer • €€€€

Villa Demidoff 👫
▶ S. 117, nordöstl. F 5

Ideal für Familien • Ein Viersterne-
haus auf einem Hügel über Florenz.
2011 wurde es renoviert, und die Leitung hat viel vor: Zu Schwimmbad
und Sauna ist ein neues Spa geplant.
Außer im riesigen Park können Kinder in einem eigenen Spielzimmer im
Hotel toben. Erstklassiges Restaurant,
netter und persönlicher Service.
Pratolino Vaglia • Via della Lupaia
1556 • Gratis-Shuttleservice nach
Florenz • Tel. 50 56 41 • 98 Zimmer •
www.hotel-demidoff.it • €

Essen und Trinken

Wer im Urlaub gerne und gut speist – der ist in Florenz richtig. Die einzige Bedingung: Man muss ein wenig von den üblichen Touristenrouten abweichen und wissen, wo man hingeht.

◄ Das äußerst zentral gelegene Restaurant Dei Frescobaldi (▶ S. 20) wartet mit einer eindrucksvollen Weinkarte auf.

Die florentinische Kochkunst ist rustikal, aber originell – und in Deutschland weniger bekannt als die üblichen Italo-Klassiker wie Pizza oder Spaghetti Bolognese. Typische toskanische »antipasti«, Vorspeisen, sind **crostini**, geröstete Weißbrotscheiben mit einem Aufstrich aus Geflügelleber, Kapern und Sardellen. Ein klassischer »primo«, erster Gang, ist die **ribollita**, eine Brotsuppe mit weißen Bohnen, Grünkohl und Gemüse. Die **pappa al pomodoro** ist eine kräftige, eigentlich kaum noch flüssige Brotsuppe mit Tomaten, Basilikum, Knoblauch und Peperoncino.

Florentiner Klassiker

Als Hauptspeise ist auf nahezu jeder Speisekarte die **bistecca alla fiorentina** zu finden: Das Lendenstück eines Ochsen schneidet der Koch in rund 5 cm dicke Scheiben und grillt es über der Holzkohle. Wenn nicht ausdrücklich anders bestellt, kommt die Bistecca anschließend blutig auf den Teller, nur mit Salz, Pfeffer und einem Hauch Olivenöl gewürzt.
Bei den italienischen Hauptgerichten müssen Gäste die Beilagen, »contorni«, zusätzlich bestellen. Hier sind die **fagioli all'uccelletto** zu empfehlen, weiße Bohnen mit Salbei und Tomatensauce. Florentiner essen gern die **trippa**, Kutteln. Sie werden mit Tomaten, Sellerie und Karotten gedünstet und mit Parmesankäse überstreut. Die Trippa wird auch an Essensständen in den Straßen zubereitet.
Als typische Nachspeise, »dolci«, sollte man **castagnaccio** probieren, ein Gebäck aus Kastanienmehl und Rosmarin. Im Karneval bereiten Konditoreien die **schiacciata alla fiorentina** zu, einen Kuchen aus Mehl, Ei, Zucker, Olivenöl und Safran.

Die Weine: Chianti & Co.

Zum Essen passt natürlich der Chianti, der im Hinterland zwischen Florenz und Siena angebaut wird. Gallo Nero und Putto sind Qualitätssiegel für den Rotwein. Mit »Riserva« werden Weine gekennzeichnet, die mindestens drei Jahre im Fass gelagert wurden. Ebenfalls aus der Toskana stammt der Vernaccia di San Gimignano – ein sehr guter Weißwein. Bekannte Wein-Dynastien sind die Familien Frescobaldi und Antinori, die beide sehr gute Tropfen rund um Florenz herstellen – neben vielen anderen, kleineren Erzeugern. Zur Nachspeise wird der **Vin Santo**, ein Dessertwein, gereicht, der rund 15 % Alkohol enthält.
Wer in Italien einen »caffè« bestellt, bekommt einen Espresso. Unsere deutsche Version heißt »caffè lungo« oder »caffè americano«.

WUSSTEN SIE, DASS …

… das toskanische Brot völlig ohne Salz gebacken wird? Diese Tradition entstammt aus Zeiten, in welchen das Salz sehr teuer war. Das »pane sciocco« wird nur aus Wasser, Weizenmehl und Hefe zubereitet.

Die verschiedenen Lokale

Die typischen Gaststätten sind die Trattoria, das Ristorante, die Pizzeria und die Osteria. Im Ristorante ist es üblich, mindestens zwei Gänge zu essen – und Nudeln sind für Italiener Vorspeisen, kein Hauptgang. In der

Trattoria, Pizzeria und Osteria kann man auch weniger Gänge bestellen.

Generell warten Gäste bis ihnen der Kellner einen Tisch zuweist. »Pane e coperto«, Brot und Gedeck, berechnen die Lokale extra – auch wenn die Gäste das Brot nicht anrühren. Service ist meist im Preis inbegriffen, dennoch freuen sich die Kellner natürlich über ein Trinkgeld.

Seit 2005 herrscht Rauchverbot, an das sich Italiener auch halten. Hunde sind in Gaststätten nicht erlaubt, im Außenbereich werden sie häufig toleriert, wenn man höflich fragt.

In der Regel öffnen die Restaurants mittags zwischen 12.30 und 14 Uhr und abends zwischen 19.30 Uhr und 22 Uhr. Dazwischen ist geschlossen.

Florenz-Besucher sollten daher zeitig ans Essen denken, sonst bleiben nur die Self-Service-Restaurants in der Altstadt – und das sollte man sein lassen, wenn man gut essen will.

Preise für ein dreigängiges Menü:

€€€€ ab 90 €	€€ ab 35 €
€€€ ab 50 €	€ bis 35 €

EDELRESTAURANTS

Enoteca Pinchiorri ▸ S. 120, C 13

Das Beste der Stadt • Gilt seit Jahren als die Spitze der florentinischen Kochkunst und darf sich mit drei Michelin-Sternen schmücken. Betrieben wird das Lokal von Giorgio Pinchiorri – ursprünglich aus Modena – und Annie Feolde aus Nizza. Sie servieren eine exzellente Küche wie mit Leber gefüllten Seeteufel an Steinpilzen mit Bergmelisse und einer Sauce aus Tintenfischschwärze. Reservieren, da die Tische oft lange im Voraus ausgebucht sind. Hauptgerichte ab 70 €. S. Croce • Via Ghibellina 87 • Bus C2, C3: Teatro Verdi • Tel. 24 27 57 • www.enotecapinchiorri.com • Di–Sa ab 19.30 Uhr • €€€€

Il Cibrèo ▸ S. 121, D 13

Nobel und originell • Der Inhaber ist zwar eitel, aber er kocht sehr originell: mit Senf gefüllte Taube an passierten Steinpilzen zum Beispiel. Die zugehörige Trattoria nebenan ist etwas günstiger, aber genauso gut. S. Croce • Via A. del Verrocchio 8 r • Bus C2, C3: Annigoni • Tel. 2 34 11 00 • www.cibreo.com • Di–Sa 13–14.30, 19–23.15 Uhr • €€€

Il Palagio ▸ S. 117, D 7

Plüschig gediegen • Relativ neues Restaurant im Hotel Four Seasons,

---

MERIAN-Tipp 2

FUOR D'ACQUA ▸ S. 114, C 4

Frischer geht's kaum: Am Nachmittag kommen die Fischkutter am Hafen von Viareggio an, Langusten, Scampi und Krebse werden sofort nach Florenz gebracht. Den ganzen Abend werden immer wieder fangfrische Lieferungen von Seezungen, Thunfisch und Rotbarben an den Gästen vorbei in die Küche gebracht. Dort bereitet sie Daniela Pardini roh zu oder sehr kurz gedünstet mit wenigen Zutaten wie Öl oder Zitrone – zum Niederknien. Reservieren, sonst bekommt man kaum einen Tisch. Schließlich verkehren dort auch die Familien Prada und Gucci. S. Spirito • Via Pisana 37 r • Bus 3, 13: Porta S. Frediano • Tel. 22 22 99 • www.fuordacqua.it • Mo–Sa 20–2 Uhr • €€€

Traditionelle toskanische Küche, rustikales Ambiente, an den Wänden moderne Kunst – die etwas versteckt gelegene Trattoria 4 Leoni (▶ S. 19) ist stets gut besucht.

das einen Michelin-Stern hat. Im Sommer können die Gäste im Garten des Palazzo della Gherardesca die verfeinerte, toskanische Küche genießen. Innen ein wenig plüschig.
S. Giovanni • Borgo Pinti 99 • Bus 8: Matteotti 04 • Tel. 2 62 61 • www.fourseasons.com • tgl. 7–11, 19–23 Uhr • €€€

FISCH
Borgo San Jacopo   ▶ S. 119, F 10
Edelküche am Ufer des Arno • Das Restaurant von Beatrice Segoni gehört zu den renommiertesten der Stadt, denn sie kreiert spannende Versionen toskanischer und italienischer Küche. Vor allem der Fisch ist berühmt. Der Blick vom Restaurant auf den Arno ist sensationell. Wer auf der Terrasse sitzen möchte, sollte reservieren, sie hat nur acht Plätze.
S. Spirito • Borgo S. Iacopo 62 r • Bus C3, D: Ponte Vecchio, Pitti • Tel.

28 16 61 • www.lungarnocollection.com • tgl. 12.30–14.30, Mi–Mo 19.30–22.30 Uhr • €€€

FLORENTINISCH UND TOSKANISCH
Trattoria 4 Leoni   ▶ S. 119, F 10
Hübscher Außenbereich • Die Trattoria existiert schon seit 1550, früher konnten die Handwerker für 1000 Lire zu Mittag essen. Im Sommer sitzen die Gäste direkt auf der winzigen Piazza in der Nähe des Palazzo Pitti, und das Lokal ist meist sehr voll. Besonders zu empfehlen ist »Risotto al tartufo«, der Trüffelrisotto.
S. Spirito • Via dei Vellutini 1 r • Bus C3: Pitti, Bus D: Ponte Vecchio, Pitti, Bus 11, 36: S. Felice • Tel. 21 85 62 • www.4leoni.com • €€

Del Fagioli   ▶ S. 120, B 14
Florentinische Klassiker • Eines der ältesten und besten Lokale mit florentinischer Küche. Ideal, wenn man

MERIAN-Tipp 3

TRATTORIA MARIO ▶ S. 116, A 7

Genau so, wie man sich einen florentinischer Familienbetrieb in der Nähe des Mercato Centrale vorstellt: ein winziges Lokal, in dem die Tische eng beieinanderstehen und fast nur Florentiner speisen. Man sitzt zwischen Studenten, Professoren und Handwerkern, hört das Klopfen der Schnitzel in der offenen Küche. Das Essen ist einfach und ordentlich. Seit dem Jahr 1953 gibt es die Trattoria schon. Mittags fast immer voll, allerdings kann man nicht reservieren – nur anstehen. S. Giovanni • Via Rosina 2 r • Bus C1: Ginori • Tel. 21 85 50 • http://trattoriamario.com • Mo–Sa 12–15.30 Uhr • €

die Spezialitäten der Stadt kennenlernen will. Hervorragende Bistecca alla Fiorentina vom Chianina-Rind. Abends stehen die Gäste oft Schlange. S. Croce • Corso dei Tintori 47 r • Bus 23, 13, C3: Tintori • Tel. 24 42 85 • Sept.–Juli Mo–Fr • €

Il Guscio ▶ S. 119, D 10

Familiär und gut • Das vielleicht beste Restaurant der Stadt: Die Küche ist hervorragend, der Service freundlich, und die Weine sind wunderbar. Mittags serviert Sandra Gozzini eine traditionelle florentinische Küche, abends wird es ein wenig eleganter und die Karte umfangreicher. Es gibt etwa Tagliatelle mit Artischocken und Schweinebacken der Cinta-Senese-Edelfleischrasse. Meist recht gut besucht, vor allem von Einheimischen.

S. Spirito • Via dell'Orto 49 a • Bus D: Cestello, Carmine • Tel. 22 44 21 • www.il-guscio.it • Mo–Fr 12–14, Mo–Sa 19.45–23 Uhr • €

Trattoria Pandemonio
▶ S. 119, D 10

Netter Service • Zwar sind die Preise für das bodenständige Viertel San Frediano ein bisschen hoch, und das Lokal ist deutlich auf Touristen ausgelegt. Aber der Familienbetrieb bietet eine durchaus empfehlenswerte toskanische Küche. Die »tortellacci«, Teigtaschen mit Gorgonzola, rotem Radicchio und Rucola, sind spannend. Einheimische loben auch den »polpo«, den Oktopus. S. Frediano • Via del Leone 50 r • Bus D: Carmine, Cestello • Tel. 22 40 02 • www.trattoriapandemonio.it • Mo–Sa • €

ITALIENISCH

Dei Frescobaldi ▶ S. 120, C 13

Erstklassiger Wein • In einer Seitengasse der Piazza della Signoria werden zu den hervorragenden Weinen der Adelsfamilie Frescobaldi sehr gute, toskanisch angehauchte Gerichte serviert wie Parmesan-Flan mit Pilzen. Angeschlossen ist eine Weinbar, in der man sogar den Brunello glasweise kosten darf. S. Croce • Via dei Magazzini 2–4 r • Bus C1: Galleria degli Uffizi, Bus C2: Canto alla Quarconia • Tel. 28 47 24 • www.deifrescobaldi.it • Di–Sa 12–14.30, Mo–Sa 19–22.30 Uhr • €€

La Giostra ▶ S. 116, C 8

Sehr beliebt • Von der Adelsfamilie der Habsburg-Lothringer betriebenes sehr gutes, fast ein wenig kitschig eingerichtetes Restaurant, das sich dem Slow Food verschrieben hat. Die

Söhne des Prinzen beschreiben die Gerichte in perfektem Englisch. Am Anfang des Abends meist voll – dafür kann man bis spät abends essen. Die meisten Florentiner kommen daher oft auch erst ab 22 Uhr.

S. Croce • Borgo Pinti 12 r • Bus C1, C2, 14, 23: Salvemini • Tel. 24 13 41 • www.ristorantelagiostra.com • Mo–Sa 19–ca. 1 Uhr • €€

Cavolo Nero   ▸ S. 119, E 10

Elegant, aber günstig • Vor Kurzem hat die Leitung des Lokals gewechselt, doch die Küche ist noch immer empfehlenswert und einfallsreich. So gibt es Seebarschfilet in Nusskruste an Lauchsauce. Man sitzt elegant an weißen Tischdecken, in einer ruhigen Seitenstraße in San Frediano.

S. Spirito • Via dell'Ardiglione 22 • Bus 11, 36: Campuccio • Tel. 29 47 44 • www.cavolonero.it • tgl. 19–23 Uhr • €

Il Santo Bevitore   ▸ S. 119, E 10

Hip und frisch • Ein gerade angesagtes Lokal mit vielen jungen Leuten und frischer Atmosphäre. Die Karte wechselt monatlich, die Küche bietet modernisierte italienische Speisen. Touristen und Florentiner mischen sich hier sehr entspannt.

S. Spirito • Via S. Spirito 66 r • Bus C3, 11, 36: Sauro, Bus D: S. Frediano, Sauro • Tel. 21 12 64 • www.ilsanto bevitore.com • Mo–Sa 12.30–14.30, 19.30–23, So 19.30–23 Uhr • €

Trattoria La Casalinga
▸ S. 119, E/F 10

Bodenständig • Hier essen mittags Handwerker deftige Suppen und gegrillte Hähnchen. Die Gerichte sind einfach und günstig. Kellner Paolo ist eine Berühmtheit: Magdalen Nabb beschrieb ihn in ihrem Krimi »Tod eines Engländers«. Typisches Lokal, in das sich selten Touristen verirren.

In der Küche des Restaurants La Giostra (▸ S. 20) wird Vitello tonnato vorbereitet. Der Chef ist ein Spross der Habsburg-Lothringer, der sich der Gastronomie zugewandt hat.

S. Spirito • Via dei Michelozzi 9 r •
Bus 11, 36, 37: San Felice, Bus D, C3:
Santo Spirito • Tel. 21 86 24 • http://
trattorialacasalinga.it • Mo–Sa 12–
14.30, 19–22 Uhr • €

Trattoria da Rocco 👥

▶ S. 121, D 13

Mitten auf dem Markt • Uriges, kleines Lokal im Mercato Sant'Ambrogio, um nach einem Bummel auf dem selbigen Mittag zu essen. Volkstümlich, gut und günstig.
S. Croce • Piazza L. Ghiberti • Bus C2, C3: Malborghetto • Mo–Sa nur mittags ab 11 Uhr • €

VEGETARISCH
Brac   ▶ S. 120, B 14

Hip • Vegane und vegetarische Küche mit sizilianischen Einflüssen in modern gestyltem Ambiente: Das Brac ist Restaurant, Café und Buchladen für zeitgenössische Kunst zugleich.

S. Croce • Via de' Vagellai 18 r • Bus 23, C1, C3: Benci • Tel. 0 94 48 77 • www.libreriabrac.net • Mo–Sa 11–24, So 12–20 Uhr • €

CAFÉS UND KONDITOREIEN
Giacosa   ▶ S. 115, F 4

Stylish • In dem Traditionscafé von 1815 wurde angeblich der Cocktail »Negroni« auf Gin-, Campari- und Wermutbasis erfunden. Inzwischen hat es der Florentiner Modedesigner Roberto Cavalli übernommen und ein wenig eigenwillig eingerichtet. Er serviert Pralinen mit Leopardenaufdruck. An der Wand hängen Fotos von Hollywood-Stars in Kleidern des Meisters. Einheimisches, etwas aufgerüschtes Publikum.
S. Maria Novella • Via della Spada 10 r • Bus 6, 11, 12, 36: S. Maria Novella • Tel. 2 77 63 28 • www.caffegiacosa.it • Mo–Fr 7.45–20.30, Sa 8.30–20.30, So 12.30–20 Uhr

Ob zum Frühstück frühmorgens, zum Cappuccino oder zum Aperitif am Abend – das Caffè Ricchi (▶ S. 23) ist eine bewährte Adresse in Santo Spirito.

► S. 117, östl. F 5

WUSSTEN SIE, DASS …

… die Italiener Cappuccino nur vormittags trinken? Wer ihn nachmittags bestellt, outet sich damit schnell als Tourist. Aber wer mag, bekommt ihn natürlich auch zu dieser Stunde serviert.

Gilli
► S. 116, A 8

Altes Kaffeehaus • Seit 1733 gibt es das Gilli. Fast noch schöner als die Tische auf der Piazza della Repubblica ist es innen – mit getäfelten Wänden, Kronleuchtern aus Murano und Stuck samt Blattgold an der Decke. Gutes Gebäck und Pralinen.
S. Giovanni • Via Roma 1 r • Bus C2: Repubblica • Tel. 21 38 96 • www.gilli.it

Ricchi ⛛⛛
► S. 119, E 10

Typisches Café • Diese Bar mit Tischen auf der Piazza S. Spirito gibt es schon seit 1957 und wird immer noch von der gleichen Familie betrieben. Das Café ist ein bisschen zum Wohnzimmer der Bewohner des Viertels jenseits des Arno geworden.
S. Spirito • Piazza S. Spirito 9 r • Bus D, C3: S. Spirito • Tel. 21 58 64 • www.ricchiristorante.com • tgl. 7–1 Uhr

La Terrazza
► S. 116, A 8

Mit Dachterrasse • Versteckt liegt dieses Café, auf dem Kaufhaus Rinascente. Doch hierhin verirren sich nicht so viele Touristen. Schließlich muss man in den fünften Stock des Geschäfts, vorbei an Regalen mit Töpfen und Espressotassen. Der Blick auf die Domkuppel ist herrlich, und an heißen Tagen weht ein wenig Wind zur Abkühlung. Gut zum Cappuccino, das Essen ist eher mittelmäßig.

S. Giovanni • Piazza della Repubblica 1 • Bus C2: Repubblica • Tel. 28 36 12 • www.rinascente.it • tgl. 10–20 Uhr

EISDIELEN

Badiani ⛛⛛
► S. 117, östl. F 5

Unübertroffen • Die anerkannt beste Eisdiele der Stadt befindet sich leider nicht im Zentrum. Hier hat man angeblich auch schon Paul McCartney im Rolls Royce vorfahren sehen. Die absolute Spezialität: die Eissorte »Buontalenti«, deren Rezeptur streng unter Verschluss gehalten wird.
Campo di Marte • Viale dei Mille 20 r • Bus 17, 34, 82, 84: Mille 07 • Tel. 57 86 82 • www.buontalenti.it • Mi–Mo 7–1 Uhr

Carabè ⛛⛛
► S. 120, B 13

Sizilianisches Eis • Im Hinterraum kann man dabei zusehen, wie Antonio und Loredana Lisciandro ihre »gelati« und »granite« zaubern. Sie kommen aus der Nähe von Messina auf Sizilien und bringen die Rezepte ihrer Heimat nach Florenz: neben Eis auch »cannoli« und »cassata siciliana« – die leckere Eistorte.
S. Giovanni • Via Ricasoli 60 r • Bus 14, 23, C1: Pucci • Tel. 28 94 76 • www.gelatocarabe.com • tgl. 11–19.30 Uhr

Vivoli ⛛⛛
► S. 120, B 13

Hervorragende Klassiker • Seit 1930 existiert die Eisdiele im Viertel Santa Croce. Neben sehr guten Klassikern wie Stracciatella oder Erdbeere gibt es auch Schokolade mit Orange oder Birne mit Karamell. Deswegen stehen die verwöhnten Gäste davor auch nicht selten Schlange.
S. Croce • Via dell'Isola delle Stinche 7 r • Bus C1, C3, 23: Verdi • Tel. 29 23 34 • www.vivoli.it • Di–Sa 7.30–21, So 9–21 Uhr

grüner
reisen

Wer zu Hause umweltbewusst lebt, möchte dies vielleicht auch im Urlaub tun. Mit unseren Empfehlungen im Kapitel grüner reisen wollen wir Ihnen helfen, Ihre »grünen« Ideale an Ihrem Urlaubsort zu verwirklichen und Menschen zu unterstützen, denen ein verantwortungsvoller Umgang mit der Natur am Herzen liegt.

Eine Stadt wird ganz langsam grün

Die Italiener gehören zwar nicht unbedingt zu den Vorreitern des Umweltschutzes, aber es hat sich in den letzten Jahren einiges getan. Seit 2009 gibt es in der Innenstadt von Florenz eine riesige Fußgängerzone. Fast das gesamte Zentrum ist für PKW gesperrt – auch jenseits des Arno. Ausnahmen für diese »zona a traffico limitato« bekommen nur Bewohner und Geschäftsinhaber. Viele Buslinien fahren mit Elektrobetrieb, und seit Kurzem existiert eine Straßenbahn vom Vorort Scandicci ins Zentrum. Weitere Tramlinien sind geplant. Sogar einige Radwege wurden entlang breiterer Straßen angelegt.
Auch die ersten Hotels versuchen sich an grünem Tourismus: z. B. mit Pools, die durch Algen gereinigt werden. Biobrot oder gar Biokäse am Frühstücksbuffet sind allerdings noch die Ausnahme. Auch wenn der Anteil von Bioprodukten deutlich geringer ist als hierzulande – die Italiener legten schon immer viel Wert auf lokale und hochwertige Zutaten. Alte Edelfleischrassen wie das Chianina-Rind werden dagegen verstärkt nachgefragt. Das Fleisch kommt in der Regel aus der Toskana und den umliegenden Regionen. So mag die Ware auf dem Markt zwar nicht immer »bio« sein, aber regional und von oft sehr guter Qualität.

ÜBERNACHTEN

Residenza del Moro ▶ S. 119, F 9

Dieses exklusive Luxushotel im Zentrum befindet sich in einem Gebäude aus dem 16. Jh. Die Räume schmücken alte Fresken, Stuck, Antiquitäten und Werke moderner Künstler – darunter auch Anselm Kiefer und Lucio Fontana. Die Fünfsterneresidenz trägt das Label der »Legambiente Turismo«. Neben den üblichen Energiesparlampen und der Mülltrennung wird hier noch ein wenig mehr unternommen: Ein Teil des Frühstücksbuffets stammt aus biologischem Anbau, wie etwa Marmelade, Cornflakes und Honig. Zur Reinigung werden ausschließlich ökologische Mittel verwendet, selbst die Wischmobs sind »öko«.

S. Maria Novella • Via del Moro 15 • Bus 6, 11: Vigna Nuova, Bus 6, 11, 12, 36: S. Maria Novella • Tel. 29 08 84 • www.residenzadelmoro.com • 11 Zimmer • €€€

Il Mulino di Firenze 🍴🚲 ▶ S. 121, östl. F 15

Die ehemalige Mühle aus dem 15. Jh. war schon beinahe verfallen, als sie mit ökologischen Materialien renoviert und 2010 als Viersternehotel eröffnet wurde. Der Swimmingpool wurde in das ehemalige Becken für das Mühlrad eingebaut und wird mit Algen statt mit Chlor gereinigt. Shampoos und Duschgel für die Gäste tragen das europäische Ökosiegel, und an die Pflanzen des kleinen Gartens lässt der Chef keine Pestizide. Der Fahrradverleih ist kostenlos.

Firenze Sud • Via Villamagna 119 • kostenloser Hotel-Shuttleservice nach Florenz oder mit dem Bus 3, 23: Nave a Rovezzano, dann zu Fuß • Tel. 6 53 02 79 • www.mulinodifirenze.com • 33 Zimmer • €€

Hotel Cosimo de' Medici ▶ S. 115, F 3

Die Zimmer des Ökohotels sind zum Teil sehr modern eingerichtet, andere auch mit handbemalten Antiquitäten. Im Bad sind Wasserzähler eingebaut, damit die Gäste ihren Verbrauch kontrollieren können. Wer will, kann sich zum Schluss an der Rezeption ausrechnen lassen, ob man den international empfohlenen Wasserverbrauch pro Kopf überschritten hat. Toilettenpapier und Seifen sind mit den Ökolabels der EU ausgezeichnet und in wieder befüllbaren Fläschchen verpackt.

S. Maria Novella • Largo Fratelli Alinari 15 • Bus 12, 13: Via Valfonda, alle Buslinien Richtung Bahnhof Santa Maria Novella • Tel. 21 10 66 • www.cosimodemedici.com • 27 Zimmer • ♿ • €

ESSEN UND TRINKEN

Bio Bistrot ▶ S. 114, nordwestl. C 1

Snacks und kleinere Gerichte wie Suppen, Strudel oder Veggie-Burger, die durch und durch »bio« sind. Viele Zutaten stammen von kleinen Bauernhöfen der Umgebung. Und bei allem wird so weit wie möglich auf Verpackungen verzichtet. Leider etwas fernab des Zentrums gelegen.

San Jacopino • Via F. Pacini 45 r • Bus 22, 57: Fontana, Bus 23: Piazza San Jacopino • www.biobistrot.it • Mo–Fr 11–15.30, 18–24, Sa 19–1 Uhr • €

Dolce vegan ▶ S. 116, B 5

Dass man auch leckere, vegane Biokuchen und -torten backen kann, zeigt dieses kleine Bistro. Daneben gibt es Salate sowie Mittag- und Abendessen. Im Hinterzimmer des Cafés befindet sich ein kleiner Mini-Supermarkt mit biologisch-veganen Lebensmitteln wie Sojamilch und Schokolade.

San Giovanni • Via San Gallo 92 r •
Bus 1, 7, 20, 25, 82, C1: Salvestrina •
Tel. 0 19 54 37 • www.dolcevegan.it •
Mi–Mo 10–15, 17–23 Uhr • €

Sant'Agostino 23 ♟♟ ► S. 119, E 10

Hier befand sich einst die historische Trattoria Rinaldo. Heute führen Gabriele Orsolini und seine Kompagnons ein hippes und dennoch entspanntes Restaurant. Sie vermischen die traditionelle toskanische Küche mit internationalen Einflüssen. So gibt es neben toskanischen Klassikern und Salaten auch Burger aus edlem italienischem Chianina-Rindfleisch. Viele Gerichte werden nur aus ganz wenigen, heimischen Produkten gezaubert. Zwar sind nicht alle Zutaten im engeren Sinne Bio, dafür aber stets frisch zubereitet, auch die Nachspeisen sind allesamt hausgemacht. Und das Fleisch stammt vom Metzger um die Ecke, das Gemüse vom Händler in der Straße.
S. Croce • Via Sant'Agostino 23 r •
Bus D, C3: Sant'Agostino • Tel. 21 02 08 • www.santagostinofirenze. com • Di–So 12.30–14.45, 19.30–22.45 Uhr • €

Vivanda ► S. 119, E 10

Die erste Vinothek der Stadt, die viele Bioweine in ihrem Sortiment hat. Schließlich wird die Auswahl in diesem Bereich immer größer, und es finden sich darunter zahlreiche sehr gute Tropfen. Beraten werden die Kunden dabei vom Önologen Giulio Wilson Rosetti. Dazu serviert Marina Valor Navarro Bioküche, unter anderem mit Öl, Gemüse und Pasta aus der hauseigenen Landwirtschaft. Die Salami ist ohne Konservierungsstoffe.
Santo Spirito • Via Santa Monaca 7 •
Bus 11, 36: Serragli • www.vivanda firenze.it • tgl. 10–15, 18–24 Uhr • €

EINKAUFEN

La Fierucola ► S. 119, E 10

Hier kann man sehen, wovon die Aussteiger leben, die sich den Traum der Selbstversorger-Landwirtschaft in der Toskana verwirklicht haben. So wie Simona Cavalleri, die am Apennin, 5 km vom nächsten Haus entfernt, Zwiebeln anbaut, Ledersandalen sowie Filzhüte herstellt und ihre Waren auf der Piazza Santo Spirito verkauft. Auf dem Markt sind auch einige deutsche Emigranten mit ihren Ständen vertreten. Die meisten Lebensmittel stammen aus ökologischer Landwirtschaft. Es gibt Biogemüse, Parmesan, Eier, Kuchen, Brot und Mehl. Daneben werden mit Naturfarben gefärbte Stoffe, Wolle und Spielzeug angeboten.
S. Spirito • Piazza Santo Spirito • Bus C3, D: Santo Spirito • www.lafierucola. org • 3. So im Monat 9–19 Uhr

Insoliti Tessuti ► S. 117, E 8

Die italienische Variante eines Öko-Klamotten-Ladens: Die Mode für Männer, Frauen und Kinder ist aus Biobaumwolle und Hanf. Das Ganze ist durchaus tragbar, alles ist schnörkellos und klassisch. Außerdem gibt es hier Naturkosmetik zu kaufen.
S. Spirito • Via Leopardi 4 r • Bus 6, 14, 19, 23, 31, C2, C3: Leopardi •
Tel. 2 26 01 04 • www.insolititessuti. com • Sommer Mo–Sa 9.30–13, Mo–Fr 15.30–19.30, Winter Mo–Sa 9.30–19.30 Uhr

NaturaSì

Italienische Biosupermarktkette mit mehreren Filialen in Florenz – leider nicht im Zentrum der Stadt.
www.naturasi.eu • Mo 14–20, Di–Do, Sa 9–19.30, Fr 9–20 Uhr
– Rifredi • Viale Corsica 19 • Bus 23: Corsica ► S. 115, nördl. D 1

In der Trattoria Sant'Agostino 23 (▶ S. 26) in der Nachbarschaft der Kirche Santa Croce kommen nur erstklassige und stets frisch gekochte Zutaten auf den Tisch.

– Campo di Marte • Via Masaccio 88/90 • Bus 13, 19: Masaccio 01 ▶ S. 117, F 6
– Le Lame • Via Kassel 30 • Bus 3, 8, 23, 81: Kassel ▶ S. 121, östl. F 15
– Isolotto • Via Baccio di Montelupo 81 • Bus 44, 72, 77, 78: Baccio da Montelupo 05 ▶ S. 114, westl. A 3

Stile Biologico ▶ S. 119, F 11

Giuditta Blandini eröffnete 1997 eines der ersten italienischen Ateliers, das Biomode für Männer, Frauen, Kinder und Babys anfertigt. Die Stoffe wurden nicht chemisch behandelt und stammen allesamt aus biologischer Landwirtschaft. Fast alles wird in Italien, zumeist in Florenz, verarbeitet und genäht. Blandinis Stil ist sportlich, lässig und durchaus elegant.
Santo Spirito • Piazza de' Pitti 6 r • Bus D, C3: Pitti, Bus 11, 36: San

Felice • www.stilebiologico.it • Mo–Sa 9–12, 15–19 Uhr

AKTIVITÄTEN
Fahrradtour ins Chianti

▶ S. 116, A 6

Auf Englisch und Italienisch bietet die Agentur **Florence by bike** Radtouren von Florenz ins Chianti an. Der Ausflug startet um 9 Uhr in der Stadt, führt 34 km über die umliegenden Hügel durch Weinberge und Olivenhaine und bietet herrliche Blicke auf die Stadt. Mittagessen und Wein- oder Olivenölprobe sowie Mietfahrrad sind im Preis inbegriffen. Die Tour endet am späten Nachmittag wieder in Florenz.
Florence by bike • San Giovanni • Via San Zanobi 54 r • Bus 1, 6, 11, 14, 17, 23, 52, 54, 82: Ventisette Aprile • Tel. 48 08 14 • www.florencebybike.it • ca. 79 €/Person

Einkaufen
Die Hauptstadt der Toskana präsentiert sich als wahres Einkaufsparadies für Schuhe, Mode, Leder und originelle Handarbeiten, die hier häufig noch in kleinen Familienbetrieben gefertigt werden.

◄ Die Kreationen der Hutmanufaktur Grevi (► S. 33) finden sich auch in diversen Fashion-Magazinen wieder.

Das Textilhandwerk hat in der Toskana eine lange Tradition – und das nicht erst, seit die florentinischen Modehäuser Ferragamo, Cavalli, Coveri, Gucci und Pucci international bekannt sind. Schon im Mittelalter arbeiteten hier Webereien und Färbereien, die Stoffe in ganz Europa verkauften. Dazu kamen Manufakturen, die Leder, Schmuck und viele andere Handwerksprodukte fertigten. Eine Tradition, die sich in den Geschäften widerspiegelt: Modedesignerläden befinden sich in der Via de' Tornabuoni und der Via della Vigna Nuova. Rund um die Kirche Santa Croce haben sich Ledergeschäfte angesiedelt, die Handtaschen und Jacken zum Teil günstiger als bei uns und von guter Qualität anbieten. Goldschmiede und Juweliere sind wie zu Zeiten der Medici auf dem Ponte Vecchio zu finden – allerdings sind die Schaufenster heute ein wenig auf amerikanischen Geschmack ausgerichtet.

Die Kunsthandwerksstadt

Zwar haben sich längst auch die großen internationalen Ketten in der Stadt breitgemacht. Doch Florenz ist noch immer für seine handgefertigten Besonderheiten berühmt – wie etwa Lederschatullen, silberne Becher, edle Stoffe und Maßschuhe. Kleine Kunsthandwerksbetriebe entdeckt man bei einem Bummel durch das »Oltrarno«, die Viertel Santo Spirito und San Frediano. Eine große Auswahl an Antiquitäten ist in der Via dei Fossi in der Nähe der Kirche Santa Maria Novella sowie in der Via Maggio zu finden.

Die meisten Geschäfte machen etwa zwischen 13 und 15.30 Uhr Mittag, die größeren Ketten sind durchgehend geöffnet. In Straßen, in welchen die Urlauber unterwegs sind, öffnen viele Läden auch am Sonntag – dann aber je nach Andrang und Laune.

BÜCHER

Art & Libri ► S. 119, F 9

Kleiner Laden, vollgestopft bis oben hin mit Büchern, italienischen sowie internationalen Kunst- und Architekturbänden – auch Antiquarisches. S. Maria Novella • Via dei Fossi 32 r • Bus 6, 11, 12, 36: S. Maria Novella • www.artlibri.it

Feltrinelli International ► S. 116, A/B 7

Große Buchhandlung, die unter anderem auch deutsche Literatur führt. S. Giovanni • Via C. Cavour 12 • Bus C1: Cavour, Bus 14, 23, C1: Pucci • www.lafeltrinelli.it

DELIKATESSEN

Enoteca Alessi ► S. 116, A 8

Eindrucksvolle Weinauswahl in der Nachbarschaft des Doms. Neben internationalen Klassikern auch unbekanntere Tropfen aus der Toskana. Regelmäßige Gratis-Weinproben. S. Giovanni • Via delle Oche 27/29/31 r • Bus C2: Roma • www.enoteca alessi.it

Pasticceria Robiglio ► S. 116, B 7

Seit 1928 stellt der Familienbetrieb mehr als 60 Sorten Gebäck her – unter anderem mit Pinienkernen aus der Maremma und Waldfrüchten aus dem Apennin: von Krapfen über Törtchen bis zu Pralinen. S. Giovanni • Via dei Servi 112 r • Bus C1: Brunelleschi • www.robiglio.it

MERIAN-Tipp

SILATHAI THAI MASSAGE CENTER ▶ S. 119, E 10

Eine Wohltat gegen müde Füße: Der Salon liegt ein wenig abseits von den Touristenrouten, deswegen nutzen hauptsächlich Florentiner das Angebot: traditionelle thailändische Massagen gegen Nackenverspannung oder Fußreflexzonenmassagen gegen belastete Füße beim Stadtbummel. Betrieben wird der geschmackvolle, saubere Salon von einem Italiener und seiner thailändischen Frau. Während der Behandlung blickt man auf ein hübsches Deckenfresko des Palazzo im Oltrarno.
S. Spirito • Via de' Serragli 63 r–65 r • Tel. 21 75 59 • www.silathai massage.com • tgl. 10–21 Uhr • ab 30 €/30 Min.

Pegna ▶ S. 116, B 8

Feine Lebensmittel, darunter auch einige Bioprodukte wie Honigessig, Marmelade, Maccheroni, Suppen oder Cantucci-Kekse. Auch Ausgefallenes wie Trüffelbutter oder Rotweinessig aus dem Chianti ist im Angebot.
S. Giovanni • Via dello Studio 8 • Bus C1, C2: Proconsolo • www.pegna firenze.com

Vestri Cioccolato ▶ S. 116, B 8

Schokolade als Handwerkskunst verstanden, völlig ohne Konservierungsstoffe und ohne Chemie. Einen Großteil der Kakaobohnen baut die Familie Vestri selbst auf ihrer Finca in der Karibik an. Daraus fertigen sie Pralinen oder Schokotafeln, z. B. mit einem Hauch Peperoncino.

S. Croce • Borgo degli Albizi 11 r • Bus C1, C2, 14, 23: Salvemini • www.vestri.it • Mo–Sa 9.30–20 Uhr

GESUNDHEIT

Officina Profumo – Farmaceutica di Santa Maria Novella ▶ S. 115, F 3

Vor 400 Jahren gründeten Dominikaner die Apotheke. Das Einkaufen zwischen stuckverzierten Pilastern und antiken Regalen ist ein Genuss: Neben Bonbons nach alter Rezeptur gibt es Parfums, die die Mönche für Caterina de' Medici entwarfen.
S. Maria Novella • Via della Scala 16 • Bus 6, 11, 12, 36: S. Maria Novella • www.smnovella.it • tgl. 9.30–19.30 Uhr

HAUSHALT UND MÖBEL

Loretta Caponi ▶ S. 115, F 4

Edelgeschäft für Leinenbettwäsche, Damastsets, Spitzenservietten und Nachthemden. Hier erwerben wohlhabende florentinische Familien die Tischdekoration für das Diner oder die Taufkleidchen für die Bambini.
S. Maria Novella • Piazza degli Antinori 4 r • Bus 22: S. Maria Maggiore, Bus 6, 11, 12, 36: S. Maria Novella • www.lorettacaponi.com

Luca Mobili e Quadri ▶ S. 119, E 10

Restaurateur Luca richtet Schränke, Kommoden, Tische, Spiegel und Stühle her – ohne dass sie anschließend wie neu aussehen. Auf einem Schrank aus Südtirol steht »Wäsche 9. Mai 1938: Hemd farbig 6 Stck«.
S. Spirito • Via de' Serragli 16 r • Bus 11, 36: Serragli oder Sauro

KINDER

100% Birbe ▶ S. 115, E 4

Holzspielzeug, Lampen, extravagante Stofftiere und vieles mehr, das

man nicht in den großen Läden findet. Individuell und originell.
S. Maria Novella • Borgo Ognissanti 2 r • Bus 6, 11: Vigna Nuova • www.100birbe.com

Britta in bicicletta ▸ S. 120, A/B 14

Ein winziges Geschäft, um Babys und Kleinkinder bis acht Jahre geschmackvoll mit Hosen, Kleidchen, Jacken und Schuhen auszustatten. Lässig und ohne Schnickschnack.
S. Spirito • Lungarno Torrigiani 5 r • Bus C3, D: Bardi • www.brittain bicicletta.com

KUNSTHANDWERK
Antico Setificio Fiorentino
▸ S. 119, D 9

Seit 1786 befindet sich die Weberei in einem Hinterhof des Viertels San Frediano. Tafte und Brokate schmücken nicht zuletzt den Kreml in Moskau. Herrliche Stoffe für Betten, Vorhänge oder Sessel.
S. Spirito • Via L. Bartolini 4 • Bus 13, D: Sant'Onofrio • www.anticosetificio fiorentino.com

Brandimarte ▸ S. 118, C 9

Einer von nur wenigen historischen Silberschmieden in Italien. Im Hinterraum können Kunden zusehen, wie Vasen, Besteck, Bilderrahmen, Schalen und Leuchter per Hand gefertigt und verziert werden – so wie die typischen Silberbecher mit blauen Halbedelsteinen. Recht opulent.
S. Spirito • Viale Ludovico Ariosto 11 c rosso • Bus 6, 13: Porta S. Frediano • www.brandimarte.com

Lorenzo Villoresi ▸ S. 120, B 15

Er will in seinen Parfüms die Düfte der Toskana wie Lorbeer, Olive oder Zypresse mit den Essenzen des Orients verbinden. Neben bereits fertigen Duftwässerchen bietet Lorenzo Villoresi auch Parfums nach Maß an. Nur nach Anmeldung.
S. Spirito • Via de' Bardi 14 (4. Stock) • Bus C3: Mozzi, Torrigiani • Tel. 2 34 11 87 • www.lorenzovilloresi.it

Parfümmacher Lorenzo Villoresi (▸ S. 31), die feinste »Duftnase« von Florenz.

Scarpelli Mosaici ▸ S. 116, B 7

Mit 13 Jahren fing Renzo Scarpelli an, in einem Florentiner Betrieb Steine zu schneiden und sie zu bunten Mosaiken zusammenzusetzen. Heute arbeiten Frau, Tochter und Sohn in der eigenen Werkstatt mit und kreieren Ohrringe, Ketten, Ringe, Bilder oder restaurieren Schächtelchen.
S. Giovanni • Via Ricasoli 59 r • Bus 14, 23, C1: Pucci • www.scarpellimosaici.it

LEDER
Mercato Nuovo ▸ S. 120, A 13

Auch wenn die alte Markthalle in der Loggia del Porcellino sehr auf Tou-

MERIAN-Tipp   5

SCUOLA DEL CUOIO
▶ S. 120, C 14

Die »Lederschule« liegt ein wenig versteckt im Garten hinter der Kirche Santa Croce, doch wenn man hineinkommt, riecht es bereits nach Leder. Hier zeigen Meister in alter Tradition ihren Schülern wie man Leder zuschneidet, näht und daraus Taschen, Bilderrahmen und Jacken fertigt. Besucher dürfen dabei zusehen, wie geschnitten und bestickt wird – und können im alten Familienbetrieb die iPad-Etuis, Koffer oder Geldbörsen erstehen. Sehr gute Qualität zu relativ günstigen Preisen.
S. Croce • Piazza S. Croce 16 (Zugang über die Kirche S. Croce) oder Via S. Giuseppe 5 r (Zugang über den Garten) • www.scuola delcuoio.com

risten eingestellt ist, sind die Handtaschen, Gürtel und Geldbeutel meist günstig und einige durchaus von passabler Qualität. Unbedingt handeln.
S. Giovanni • Piazza del Mercato Nuovo • Bus C2: Porta Rossa • tgl. 9–19.30 Uhr

Taddei
▶ S. 116, B 8

Der Laden ist gleichzeitig Werkstatt, in der Simone Taddei aus Leder Schatullen, Geldbörsen und Brillenetuis fertigt. Mindestens 30 Arbeitsschritte stecken hinter jedem Produkt. Gelernt hat er das vom Vater und Großvater, hier werden in der dritten Generation edle Lederwaren hergestellt.
S. Croce • Via S. Margherita 11 • Bus C2: Canto alla Quarconia

MÄRKTE

Mercato Centrale
▶ S. 116, A 7

Die Markthalle mit roten Toren ist eines der wenigen Bauwerke aus Eisen und Glas in der Altstadt und stammt aus dem Jahr 1874. Innen werden Schweinepfoten, Kutteln, getrocknete Biotomaten, Wein verkauft. Am Stand der Saarländerin Katja Lucks gibt's Eisbein und Kartoffelsalat.
S. Giovanni • Via dell'Ariento • Bus 81: Nazionale, Bus C1: Ginori • Sept.–Juni Mo–Fr 7–14, Sa 7–17, Juli, Aug. Mo–Sa 7–14 Uhr

Mercato delle Cascine
▶ S. 114, A/B 2/3

Jeden Dienstag ein großer Markt für Lebensmittel, Wolle, Blumen, Kleider, Schuhe, auch Secondhand.
Le Cascine • Viale A. Lincoln/Piazzale J. F. Kennedy • Tram1: Cascine • Di 8–14 Uhr

Mercato Sant'Ambrogio
▶ S. 121, D 13

Wer einen echten Lebensmittelmarkt jenseits der Touri-Meilen sehen will, muss hierher: Metzger tragen Rinderrippen am Stück durch die Halle, es riecht nach Parmesan, frischer Rosmarin wird verkauft, neben Artischocken, Steinpilzen und Kaki-Früchten.
S. Croce • Piazza L. Ghiberti • Bus C2, C3: Annigoni • überdachter Markt: Mo, Di, Do 7.30–14, Mi, Fr 7.30–19, Sa 7.30–17 Uhr; Stände im Freien: Mo–Sa 8–14 Uhr

Piazza dei Ciompi
▶ S. 121, D 13

Täglicher Flohmarkt hinter der Vasari-Loggia. Die kleinen Stände werden häufig von Antiquitätenläden der umliegenden Straßen betrieben.
S. Croce • Piazza dei Ciompi • Bus 14, 23, C1, C2: Salvemini • tgl. 9–19.30 Uhr

MODE

Grevi ▸ S. 115, F 4

Seit vier Generationen existiert die Hut-Manufaktur der Familie Grevi, und sie kreiert heute noch romantische bis ausgefallene Kopfbedeckungen, die auch auf den Modeschauen der Designer auftauchen.
S. Maria Novella • Via della Spada 11/13 r • Bus 6, 11, 12, 36: S. Maria Novella • www.grevi.it

Quintessence ▸ S. 116, A 7

Fast unauffälliger Laden zwischen den großen Ketten in Dom-Nähe: Designer Daniele Ghetti gilt als einer der Besten für Männermode. Er verkauft Hosen ab 100 € aufwärts, schicke Lederjacken, Blazer, Strickwesten – alles sehr lässig und italienisch.
S. Giovanni • Via Cerretani 13 r • Bus C2: Olio, Pecori • www.quint essence.it

SCHUHE

Mannina ▸ S. 119, F 10

Handgemachte und dennoch bezahlbare Schuhe. Viele klassische Modelle gibt es im Laden fertig zu kaufen. Wer will, kann sich in der Werkstatt in der Via de' Barbadori 23–25 r seine Schuhe maßschneidern lassen.
S. Spirito • Via de' Guicciardini 16 r • Bus C3, D: Pitti, Ponte Vecchio • www.manninafirenze.com

Stefano Bemer ▸ S. 119, D 10

Sehr hochwertige Herrenschuhe, die neben anderen auch schon Schauspieler Daniel Day Lewis kaufte. Man muss erst klingeln, um eingelassen zu werden. Die günstigsten Maßschuhe beginnen bei 2450 €, die Prêt-à-porter-Modelle ab 850 €.
S. Spirito • Via di Camaldoli 10 r • Bus D: Carmine, Bus 12, 13, 37, D: Piazza Tasso • www.stefanobemer.it

Der Duft feinen Leders erfüllt die Räume der Scuola del Cuoio (▸ MERIAN-Tipp, S. 32) im Franziskanerkloster Santa Croce. Und man darf jederzeit bei der Arbeit zusehen.

Am Abend Vom »aperitivo« über Theater, Oper, zu Bars und Diskotheken: Neben der aktuellen Hochkultur hat sich eine lebendige und durchaus alternative Club- und Kleinkunstszene in der Stadt etablieren können.

◄ Die Gäste der Bar Volume (► MERIAN-Tipp, S. 37) genießen Ihren Drink gern im Stehen auf der Piazza Santo Spirito.

Eigentlich ging es ganz gut los: In Florenz wurde angeblich im Jahr 1597 die erste Oper der Welt aufgeführt: »La Dafne« von Jacopo Peri. Heute träumt die Hauptstadt der Toskana eher davon, an diese großartige Zeit anzuknüpfen. Es gibt italienische Städte, die berühmter sind für ihre Theater und Opernhäuser. Mit der Scala in Mailand kann Florenz also nicht mithalten. Dafür haben neben den großen Konzerthäusern und Theatern in den letzten Jahrzehnten viele kleine, experimentelle Theater eröffnet, die ein durchaus spannendes Programm bieten, auch auf Englisch. Wer international renommierte Hochkultur sucht, sollte die Stadt während des Musik- und Opernfestivals **Maggio Fiorentino** besuchen (► MERIAN-Tipp, S. 41).

Später Start ins Nightlife

Galt das Nachtleben für italienische Verhältnisse lange als recht verschlafen, hat sich mittlerweile eine ansehnliche Clubszene etabliert. Zum Ausgehen treffen sich die Florentiner oft erst ab 21 Uhr. Häufig verabreden sie sich dafür auf der Piazza della Repubblica oder der Piazza Strozzi. Gern nehmen sie erst mal einen Aperitif, gehen Essen und ziehen dann weiter in die Bars und Diskotheken. Zentren des Nachtlebens sind die Gassen rund um die Piazza Santa Croce und die Piazza della Signoria. Alternativer geht es in den Kneipen im Oltrarno zu, rund um die Piazza Santo Spirito. In den Discos mögen es die Florentiner nicht allzu lässig, sondern werfen sich ordentlich in Schale.

Die meisten Clubs kosten Einritt und liegen außerhalb des Zentrums. Neben House und Hip-Hop läuft hier auch viel italienische Musik.
Über aktuelle Konzerte, Open-Air-Kinos und Festivals informieren die lokalen Seiten der Tageszeitungen »La Repubblica«, »La Nazione« und »Corriere della Sera«. Den besten Überblick bietet »Firenze Spettacolo« (www.firenzespettacolo.it), das auch einige Zusammenfassungen auf Englisch bietet.
Tickets für Abendveranstaltungen und den Maggio Fiorentino gibt es u. a. online bei www.boxol.it oder bei Box Office Toscana, Via delle Vecchie Carceri 1, Tel. 21 08 04, www.box officetoscana.it.

APERITIF UND COCKTAILS

Dolce Vita   ► S. 119, D 10

Seit nunmehr 20 Jahren hält sich die Bar im Oltrarno und ist bekannt für ihre guten Cocktails bis in die späten Abendstunden. Bei schönem Wetter kann man seinen »aperitivo« im Freien mit Blick auf die Chiesa del Carmine zu sich nehmen.
S. Spirito • Piazza del Carmine 6 r • Bus D: Carmine, San Frediano 04 • www.dolcevitaflorence.com • tgl. 18–3 Uhr

WUSSTEN SIE, DASS …

… der Aperitif Negroni angeblich in Florenz erfunden wurde? Dieser Cocktail setzt sich zu gleichen Teilen aus Gin, Campari und rotem Wermut zusammen.

Negroni   ► S. 120, B 15

Der Klassiker, um sich zum Aperitif zu verabreden: gutes Büffet mit Oli-

MERIAN-Tipp 6

SPIAGGIA SULL'ARNO
▶ S. 120, B/C 15

Etwas abgelegen von den Touristenströmen und daher noch ein Geheimtipp ist der Stadtstrand. Am Arno-Ufer kann man tagsüber in den Liegestühlen ruhen, Kinder können im Sand buddeln. Aber am schönsten ist die Spiaggia am Abend zum Aperitif, wenn die Sonne die Palazzi am Ufer in mildes Licht taucht, bevor sie langsam hinter den Hügeln verschwindet und die Lichter der Stadt angehen. S. Spirito • Lungarno Serristori • Bus D, 23: Serristori • Mitte Juni–Anf. Sept. tgl. 10–23 Uhr

ven, Fisch, Fleisch und Obst. Dazu wummert Elektro-Sound im Hintergrund. An Sommerabenden früh kommen, sonst ist auf der Terrasse kaum noch ein Platz frei. S. Spirito • Via dei Renai 17 r • Bus C3: Mozzi, Bus 23, D: Demidoff, Serristori • www.negronibar.it • Mo–Fr 8.30–3, Sa, So 19–3 Uhr

BARS UND KNEIPEN

Colle Bereto ▶ S. 115, F 4

Draußen hat man den Blick auf die Piazza Strozzi, innen verbirgt sich eine VIP-Lounge für die ganz wichtigen Gäste. Man serviert aber auch Frühstück, Aperitif, Abendessen und Cocktails für alle anderen, die es gern ein bisschen schick haben. Schon im Schaufenster sind die Schampusflaschen aufwendig dekoriert. S. Maria Novella • Piazza Strozzi 5 r • Bus C2: Repubblica • www.colle beretocafe.it • tgl. 8–2 Uhr

Kitsch ▶ S. 117, E 8

Sehr bekannte florentinische Kneipe, die viele italienische und europäische Studenten anzieht. S. Croce • Viale A. Gramsci 3 r • Bus 8, 12, 13, 14, 23, 31, 81: Beccaria • www.kitsch-bar.com • Mo–Fr 12–3, Sa, So 17–3 Uhr

Oibò ▶ S. 120, B 14

Entspannte Bar mit riesiger Auswahl an klassischen Cocktails, dazu kommen einige Eigenkreationen. Abends legen DJs auf. Im Sommer Tische vor der Tür zur Piazza Santa Croce. S. Croce • Borgo dei Greci 1/1 a • Bus 23, C1, C3: Verdi • www.oibo.net • Mo 8–17, Di–Do 8–2, Fr, Sa 8–3 Uhr

Strizzi Garden ▶ S. 114, nördl. A 1

Angesagte Studentenkneipe mit Cocktails und Aperitif zu günstigen Preisen. Meist sehr voll. Novoli • Via G. F. Mariti 3 m • Bus 56: Mariti 02 • tgl. 11–1 Uhr

The William ▶ S. 120, C 14

Wer auf der Suche nach einer Alternative zum etwas gewöhnungsbedürftigen italienischen Bier ist – hier hat man eine riesige Auswahl: Es gibt Franziskaner Weißbier vom Fass – neben Guinness und anderem Gerstengebräu. Urig mit Holztischen. S. Croce • Via A. Magliabechi 7 r • Bus 13, 23, C3: Tintori • www.thewilliam.it • tgl. 18–24 Uhr

Yag ▶ S. 121, D 14

Das Gebäude stammt aus dem Jahr 1100. Nun befindet sich in der ehemaligen Kirche eine Bar mit viel Neon für Schwule und Lesben. S. Croce • Via de' Macci 8 r • Bus C2, C3: Malborghetto • www.yagbar.com • tgl. 17–3 Uhr

CLUBS

Central Park ▸ S. 114, B 3

Am besten ist es im Sommer: Dann wird im Freien am Parco delle Cascine getanzt. Innen gibt es vier Tanzflächen, sechs Bars und eine Pizzeria. Cascine • Via del Fosso Macinante 2 • Tram 1, Bus 80: Cascine • www.central firenze.it • Sommer Di–Sa, sonst Fr, Sa

Full Up ▸ S. 120, B 13

Seit 1978 hält sich diese Diskothek im Zentrum bereits – und ist damit einer der ältesten Clubs in der Stadt. Viele Mottonächte im Programm. S. Croce • Via della Vigna Vecchia 25 r • Bus C1, C2: Proconsolo • www.fullup club.com • 22–5 Uhr

Tenax ▸ S. 114, nordwestl. A 1

Eine der wichtigsten Adressen der florentinischen Clubszene. Häufig legen auch international bekannte DJs auf. In der Nähe des Flughafens. Osmannoro • Via Pratese 46 r • Bus 29, 30: Peretola • www.tenax.org • Fr, Sa 22.30–4 Uhr

Yab ▸ S. 116, A 8

Mitten in Florenz mit viel Glamour und schickem Publikum. S. Maria Novella • Via Sassetti 5 r • Bus C2: Porta Rossa • www.yab.it • Mo, Mi–Sa 22.30–4 Uhr

JAZZ

Jazz Club ▸ S. 116, C 7

Die beste Adresse für Jazz in Florenz – und das seit 30 Jahren. Fünfmal die Woche sind Livesessions zu sehen (Dienstag bis Samstag). Um hineinzukommen, erwirbt man für 8 € am Eingang eine Mitgliedskarte. S. Giovanni • Via Nuova de' Caccini 3 • Bus C1: Alfani • www.jazzclubfirenze. com • Sept.–Juni Di–Sa ab 21 Uhr

Pinocchio Jazz ▸ S. 121, südöstl. F 15

Hier stehen große italienische Jazzmusiker wie auch unbekannte Newcomer auf dem Podium. Quartiere 3 • Viale D. Giannotti 13 • Bus 8, 31, 82: Viale Giannotti V • www.pinocchiojazz.it • Eintritt bei Konzerten 10–15 €

KONZERTE

L'Auditorium Flog ▸ S. 115, nördl. F 1

Große Bühne für Livekonzerte, insbesondere für Rock, Pop und viel Avantgardemusik. Außerdem findet im Flog das **Festival Musica dei Popoli** statt (▸ S. 43), zu dem internationale Musiker der Folk- und Ethnoszene nach Florenz reisen. Rifredi • Via M. Mercati 24 b • Bus 4: Mercati • www.flog.it

---

MERIAN-Tipp **7**

VOLUME ▸ S. 119, E 10

2010 neu eröffnet, und seitdem ist der Andrang gewaltig: In dem kleinen Raum befand sich früher mal eine Werkstatt, deren Feilen heute noch an der Wand hängen. Abends steht das Publikum bis draußen Schlange, um sich ein Bier zu kaufen. Die meisten Gäste stellen sich mit ihren Getränken auf die hübsche Piazza Santo Spirito. Entspannt, lässig und auffallend freundlicher Service, obwohl die Bar gerade die angesagte Adresse im Viertel ist. S. Spirito • Piazza Santo Spirito 9 • Bus C3, D: S. Spirito • www.volume firenze.com • Mo–Mi 8.30–1.30, Do–So 9–1.30 Uhr

Mandela Forum　▶ S. 117, östl. F 6

Bekannte italienische und internationale Rockstars betreten in der größten Halle der Stadt die Bühne.
Campo di Marte • Viale Paoli 3 • Bus 10: Piscina Costoli, Bus 84: Mille 09 • www.mandelaforum.it

Obihall　▶ S. 121, östl. F 15

Vor Kurzem hieß es noch »Saschall«, nun ist die Location nach ihrem Sponsor, einem deutschen Heimwerkermarkt benannt. Es werden Konzerte, Operetten, Shows und Theateraufführungen veranstaltet.
Campo di Marte • Via Fabrizio de André 3 • Bus 14: Varlungo, Bus 351, 365: Teatro Tenda • www.obihall.it

Viper Theatre
　　　　　▶ S. 114, nordwestl. A 1

Konzerte, Theater und vieles mehr. Viele italienische Musiker treten hier auf, aber auch etwas alternativere internationale Gäste sind zu sehen.
Peretola • Via Pistoiese/Via Lombardia • Bus 35, 56: Pistoiese 16 • www.viperclub.eu

KINO

Odeon/Cinehall　▶ S. 115, F 4

Kino im Art-nouveau-Stil: Schon im Entree stößt man auf vergoldete Putten. Montags, dienstags, donnerstags und freitags werden Filme im englischen Original gezeigt.
S. Maria Novella • Piazza Strozzi 2 • Bus C2: Repubblica • Tel. 29 50 51 • www.odeon.intoscana.it

OPER, MUSICAL, BALLETT

Teatro Comunale　▶ S. 114, C 3

Das größte Theater von Florenz in einem Bau aus dem 19. Jh. Auf dem Programm stehen Opern, Ballettaufführungen sowie klassische Konzerte, und es ist Sitz des Orchesters des Maggio Fiorentino. Sehenswerte Gastspiele – schließlich dirigierte hier schon Riccardo Muti, sang Maria Callas. Im angeschlossenen Piccolo Teatro finden kleinere Aufführungen für bis zu 587 Zuseher statt.
S. Maria Novella • Corso Italia 16 • Bus C2: Solferino • www.maggio fiorentino.it

Teatro Verdi　▶ S. 120, C 13

Das Spektrum reicht von modernem Tanztheater, Experimentaltheater, klassischen Konzerten, Musicals bis zu Gastspielen berühmter Ballettensembles. Viele Aufführungen für die leichte Muse, aber auch Sitz des renommierten Orchestra della Toscana.
S. Croce • Via Ghibellina 99 r • Bus 23, C1, C2: Verdi • www.teatroverdi online.it

THEATER

Teatro della Pergola　▶ S. 116, C 8

Das Haus für die große Prosa. Es war das erste Theater der Stadt mit Logen und Wechselbühne. Anfangs wurde das innen hübsch verzierte Bauwerk aus dem 17. Jh. ausschließlich als Hoftheater genutzt. Inzwischen sind bekannte Schauspieler des italienischen Sprechtheaters in einem meist klassischen Repertoire zu sehen.
S. Giovanni • Via della Pergola 18 • Bus 14, 23, C1: Sant'Egidio • www. teatrodellapergola.com

Teatro del Sale　▶ S. 121, D 13

Erst gibt es das Essen, dann Performances, Comedy, Theater, Folkmusik oder Lesungen. Das Restaurant im einstigen Salzlager gehört zum Feinschmeckerlokal **Il Cibrèo** (▶ S. 18). Viele Künstler treten kostenlos auf. Um hineinzukommen, muss

Fabio Picchi, eine feste Größe in der lokalen Gastroszene, ist mit dem Teatro del Sale (▶ S. 38) ein kulturelles wie kulinarisches Erlebnis der besonderen Art geglückt.

man Clubmitglied werden – Touristen können das jederzeit für 5 €.
S. Croce • Via de' Macci 111 r • Bus C2, C3: Annigoni • www.teatrodelsale.com

Teatro di Cestello   ▶ S. 119, D 9

Das Haus wurde 2008 komplett renoviert. Die neue Leitung interpretiert florentinisches und klassisches Theater zum Teil neu. Auch avantgardistische Stücke. Außerdem tritt die Florence International Theatre Company in englischer Sprache auf.
S. Spirito • Piazza di Cestello 4 • Bus 6, D: San Frediano 4, Bus 13: Sant'Onofrio • www.teatrocestello.it

Teatro di Rifredi   ▶ S. 115, nördl. F 1

Im nördlich des Zentrums gelegenen Vorort Rifredi versteckt sich ein kulturelles Highlight der Stadt. Auf dem Programm stehen Musicals und experimentelles Theater.
Rifredi • Via Vittorio Emanuele II 303 • Bus 8, 14, 28: Dalmazia 01 • www. toscanateatro.it

Feste und Events

Viele Veranstaltungen haben ihren Ursprung in Mittelalter und Renaissance – weshalb zahlreiche Umzüge in historischen Roben zu sehen sind. Aber auch neuere Kulturveranstaltungen prägen die Stadt.

◄ Zum Rahmenprogramm des Maggio Fiorentino (► MERIAN-Tipp, S. 41) gehören auch Konzerte unter freiem Himmel.

JANUAR
Befana und Cavalcata dei Magi

In Italien gibt es keinen Nikolaus. Stattdessen bringt am 6. Januar eine Hexe, die Befana, Geschenke für die Kinder. In Florenz reiten außerdem als Heilige Drei Könige verkleidete Männer vom Palazzo Pitti ab. Mit ihren altflorentinischen Roben erreichen sie schließlich das Baptisterium San Giovanni, begleitet von rund 500 Teilnehmern, die ebenfalls historische Kostüme tragen. Seit dem Jahr 1997 hat die Stadt die Tradition aus dem 15. Jh. wiederbelebt. Beginn der Cavalcata dei Magi ist am frühen Nachmittag.

6. Januar • www.comune.fi.it

MÄRZ
Festa delle Donne

Die Blumengeschäfte verkaufen am 8. März zuhauf gelbe Mimosen, die Mann am internationalen Tag den Frauen schenkt. Eine wichtige, wenngleich eher neuere Tradition, die in Italien erst seit dem Ende der Vierzigerjahre zelebriert wird.

8. März

Florentinisches Neujahr

Neun Monate vor der Geburt Christi feiert Florenz Neujahr. Vom Mittelalter bis 1750 war der 25. März der Beginn des florentinischen Kalenders. In Erinnerung daran und an das kirchliche Fest der Verkündung des Herrn findet ein Umzug in historischen Kostümen durch das Zentrum statt, der an der Basilica Santissima Annunziata endet.

25. März • www.comune.fi.it

MERIAN-Tipp 8

MAGGIO FIORENTINO

Es ist das älteste Musikfestival Italiens und die wichtigste musikalische Veranstaltung der Stadt: Der Maggio Fiorentino kann durchaus mit europäischen Festspielen wie Bayreuth oder Salzburg mithalten. Berühmte Orchester und Musiker gastieren von Mai bis Juni in den Opernhäusern und Theatern von Florenz. So dirigierten hier schon Wilhelm Furtwängler, Zubin Mehta und Herbert von Karajan. Daneben finden viele kleine Aufführungen unter freiem Himmel statt. Hauptveranstaltungsorte sind das Teatro Comunale, das Teatro Piccolo und das hübsche Teatro della Pergola.

Mai–Juni • www.maggiofiorentino.it

MÄRZ/APRIL
Lo Scoppio del Carro

Am Ostersonntag wird zum Gesang des »Gloria in Excelsis Deo« ein geschmückter Karren auf dem Domplatz mit lilafarbenem Rauch und Feuerwerkskörpern unter Dampf gesetzt. Die Veranstaltung geht auf die Rückkehr des Florentiners Pazzino dei Pazzi im Jahr 1096 vom Kreuzzug aus Jerusalem zurück. Er brachte drei Feuersteine aus dem Grab Jesu mit.

Ostersonntag • S. Giovanni • Piazza del Duomo • Bus C2: Roma, Bus C1, C2: Oriuolo • www.comune.fi.it

APRIL
Mostra Internazionale dell'Artigianato

Die Werkstätten der Stadt zeigen, wofür Florenz berühmt ist: Leder-

MERIAN-Tipp **9**

CALCIO STORICO IN COSTUME
▶ S. 120, C 14

Die Tradition geht zurück auf die legendäre Partie aus dem Jahr 1530: Seinerzeit belagerten die Truppen Karls V. die Stadt. Die Florentiner taten so, als kümmere sie die Besatzung nicht, und spielten vor den Augen der Gegner, die von den Hügeln aus zusahen. Heute wird die Mischung aus Fußball und Rugby am Tag des Schutzpatrons San Giovanni jedes Jahr wieder aufgelegt. Dazu gibt es einen Umzug in traditioneller Robe von der Piazza Santa Maria Novella zum Spielfeld auf der Piazza Santa Croce. Dort messen sich die Gegner schließlich beim Endspiel in historischen Kostümen. Zum Abschluss donnert am Abend ein Feuerwerk über der Stadt – abgefeuert vom Piazzale Michelangelo.
24. Juni • S. Croce • Piazza Santa Croce • Bus 23, C1, C3: Verdi • www.comune.fi.it

waren, Schmuck, Bekleidung, Lampen, Schuhe und vieles mehr aus den Kunsthandwerksbetrieben. Daneben gibt es an weiteren Ständen auch Handgemachtes aus aller Welt.
Ende April • S. Maria Novella • Fortezza da Basso • Viale Filippo Strozzi 1 • Bus 20: Montelungo, Bus 2, 28, 36: Piazza Adua • www.mostraartigianato.it • tgl. 10–23 Uhr • Eintritt 4 €

MAI
La Maggiolata
Während andere Städte den Tag der Arbeit auf klassische Weise feiern, veranstaltet man in Florenz einen Wettkampf der Fahnenträger. Sie schwingen ihre historischen »bandiere«« auf der Piazza della Signoria. Dabei soll an die Macht des Volkes im Mittelalter erinnert werden.
1. Mai • S. Croce • Piazza della Signoria • Bus C2: Concotta • www.comune.fi.it

La Fiorita
Zum Gedenken an den Todestag des Predigers Girolamo Savonarola, der 1498 hingerichtet wurde, organisiert Florenz einen Umzug in altflorentinischen Pluderhosen, mit Hüten und Fahnen durch die Stadt. Zum Schluss werden vom Ponte Vecchio aus Rosenblüten in den Arno geworfen.
23. Mai • www.comune.fi.it

Festa del Grillo
Rummel am Sonntag nach Himmelfahrt im Stadtpark Le Cascine. Beim Fest der Grille werden u.a. kleine Drahtkäfige mit künstlichen Grillen verkauft. Früher war das Insekt ein Geschenk für die Geliebte – das Tier sollte der Angebeteten ein Ständchen trällern. Doch seit 1999 ist es verboten, echte Grillen anzubieten. Seitdem ist die Feier vor allem zu einem klassischen Jahrmarkt geworden.
Sonntag nach Christi Himmelfahrt • Le Cascine • Park Le Cascine • Tram 1: Cascine, Bus 60, T1: Cascine

JULI
Palio dei Navicelli
Ein Wettrudern der drei historischen Stadtviertel auf dem Arno. Die traditionellen Boote der »renaioli« starten vor den Uffizien, von dort geht es unter dem Ponte Vecchio hindurch und wieder zurück.
25. Juli • www.renaioli.it

Sant'Anna

Festzug vom Zentrum über den Domplatz zur Kirche Orsanmichele in historischen Kostümen.
26. Juli • www.comune.fi.it

AUGUST
San Lorenzo 👫

An diesem Tag feiert Florenz die erste geweihte Kirche in der Stadt: Vor der Basilika San Lorenzo werden Wassermelonen und Lasagne angeboten, abends können Zuschauer einem klassischen Konzert lauschen.
10. August • S. Giovanni • Piazza San Lorenzo • Bus C1: San Lorenzo • www.comune.fi.it

SEPTEMBER
La Rificolona 👫

Kinder gehen am Vorabend von Mariä Geburt mit selbst gebastelten Laternen durch die Stadt und treffen sich auf der Piazza Santissima Annunziata, auf der auch ein kleiner Markt abgehalten wird.
7. September • S. Giovanni • Piazza SS. Annunziata • Bus 6, 14, 19, 23, 31: SS. Annunziata • www.comune.fi.it

Mostra Mercato Internazionale dell'Antiquariato

Zwar nimmt die Zahl der Antiquitätenmessen in Italien zu – meist sind sie allerdings von recht unterschiedlicher Qualität. Die älteste und eine der renommiertesten des Landes wird seit 1959 alle zwei Jahre im Herbst in Florenz veranstaltet. Auf rund 1500 qm im Palazzo Corsini werden jede Menge Barockspiegel, Biedermeierschreibtische, Jugendstilbilder oder Uhren angeboten. Doch wie bei allen Antiquitäten gilt auch hier: Erkundigen Sie sich gründlich nach der Herkunft der Stücke.

Ende September–Anfang Oktober • S. Maria Novella • Palazzo Corsini, Lungarno Corsini/Via del Parione 11 • Bus 6, 11: Vigna Nuova • www.mostraantiquariato.it • Eintritt 10 €

OKTOBER
Musica dei Popoli

Internationale Musiker der Folk- und Ethnoszene gastieren bei dem Festival im Auditorium Flog (▶ S. 37).
Oktober • Rifredi • Via M. Mercati 24 b • Bus 4: Mercati • www.musicadei popoli.com

La Fiorita (▶ S. 42) ist dem Gedenken an den Bußprediger Savonarola gewidmet.

NOVEMBER
Firenze Marathon

Ende November joggen Läufer auf 42,195 km vorbei an Dom und Ponte Vecchio. Mittlerweile hat der Marathon derart Zulauf bekommen, dass er der zweitgrößte Italiens ist.
Ende November • www.firenze marathon.it

Familientipps
Fast überall in Florenz sind Kinder willkommen. Italiener kümmern sich rührend um »bambini«, Hotels stellen Babybetten zur Verfügung, und im Restaurant sind die Kids gern gesehene Gäste.

◄ Unterwegs mit Fahrrädern durch die engen Gassen der Altstadt. Das Equipment stellt z. B. iBike Florence (▶ S. 46).

Bootsfahrt ▶ S. 120, B 14

Von Juni bis September kann die ganze Familie auf historischen Kähnen auf dem Arno schippern. Bootsmänner, die sogenannten »renaioli«, lenken sie durch Staken. Anmeldung erforderlich. Dauer ca. 1 Std.
S. Croce • Lungarno G. A. Diaz (direkt am Fluss) • Bus C1: Diaz, C3: Tintori, Bus 23: Benci • www.renaioli.it • ab 75 €/Person

Museo dei Ragazzi ▶ S. 120, A 14

Für alle ab drei Jahren bietet der Palazzo Vecchio Führungen auf Englisch, Französisch und Italienisch an – leider noch nicht auf Deutsch. Die Besucher bekommen einen Einblick ins tägliche Leben am Hofe der Medici. Am Ende der Tour dürfen die Kids nachgebildete Mäntel und Hüte aus der Renaissancezeit anprobieren. Zudem werden Workshops für Kinder veranstaltet, dort malen die Teilnehmer unter anderem ein Fresko.
S. Croce • Palazzo Vecchio, Piazza della Signoria 1 • Bus C1: Galleria degli Uffizi, C2: Canto alla Quarconia • www.palazzovecchio-museoragazzi. it • Mo–Do 9–14, Fr–So 9–19 Uhr • Anmeldung erforderlich • Eintritt 6 €, Kinder 2 €, Familien 14 €

Museo e Istituto Fiorentino di Preistoria »Paolo Graziosi«
▶ S. 116, B 8

Mädchen und Jungen ab drei Jahren dürfen weben, töpfern und malen wie unsere Vorfahren. Die Workshops auf Italienisch im Prähistorischen Museum Paolo Graziosi werden im Sommer dienstags, donnerstags und samstags angeboten, sind fast alle kostenlos, müssen allerdings vorab gebucht werden.
S. Giovanni • Via Sant'Egidio 21 • Bus C1: Oriuolo, 23: Sant'Egidio • www.museofiorentinopreistoria.it • Di–Sa 9.30–12.30, Mo, Di, Do 15.30–18.30 Uhr

Palazzo Strozzi ▶ S. 115, F 4

Hier finden Wechselausstellungen zur zeitgenössischen Kunst statt, die auch international Beachtung finden. Während die Eltern die Werke bestaunen, bekommt der Nachwuchs gratis einen Malblock, Bleistift und Radiergummi zum Leihen. Führungen gibt es bereits für Kinder ab drei Jahren (mit Elternbegleitung). Hier entdecken die Kleinsten etwa, was beim Betrachten eines Bildes passiert, wenn sie die Perspektive wechseln. Für Kids zwischen sieben und zwölf Jahren gibt es sonntags Malworkshops gratis. Für Kurse und Führungen ist eine Anmeldung erforderlich. Die meisten Veranstaltungen finden auf Italienisch statt, je nach Nachfrage auch in Englisch.
S. Maria Novella • Piazza Strozzi • Bus 6 und 11: S. Maria Novella, Bus C2: Orsanmichele • www.palazzostrozzi. org • Fr–Mi 9–20, Do 9–23 Uhr • Eintritt 11,10 €, Kinder 4 €

Parco Avventura Vincigliata
▶ S. Klappe hinten

Etwas außerhalb von Florenz, aber mit dem Bus gut erreichbar, ist dieser Abenteuerpark gelegen – voller schwankender Leitern, Hängebrücken und Seile. Vier verschiedene Parcours stehen für Kinder ab etwa sechs Jahren zur Verfügung.
Fiesole • Via di Vincigliata • Bus SF Richtung Maiano ab Piazza Edison: Cave

di Maiano • www.treeexperience.it •
Di–Fr 15–19, Sa, So 10–19 Uhr • Erster Parcour 10 €, alle weiteren 5 €

Parco delle Cascine

▶ S. 114, A/B 1–3

In vielen historischen Grünalagen wie dem Giardino di Boboli ist we-

---

MERIAN-Tipp

BOTTEGA DEI RAGAZZI

▶ S. 116, C 7

Im Museo degli Innocenti waren in der Renaissance Waisenkinder untergebracht. Heute dürfen in der Bottega dei Ragazzi Kids kostenlos in zwei Räumen toben sowie sich mit Spielküche, Mini-Lastwagen und jeder Menge anderem Spielzeug vergnügen. Für die Großen gibt es Bücher und Stifte zum Malen. Jeder darf dort in Elternbegleitung kostenlos und unangemeldet kommen, toben und andere Bambini kennenlernen. Eine herrliche Abwechslung zwischen dem Sightseeing – oder bei Regen. Zusätzlich bietet die Bottega dei Ragazzi 90-minütige Workshops. Dabei lernen Kinder zwischen drei und elf Jahren unter anderem die Architektur Brunelleschis kennen. Das einzige Manko: Leider gibt es bislang nur Kurse auf Englisch, Französisch, Italienisch und Spanisch.
S. Giovanni • Via dei Fibbiai 2 • Bus C1: Brunelleschi • www.istituto degliinnocenti.it • Mo–Fr 9–13, 16–19, Sa 10–13, 16–19, letzter So im Monat 10–13 Uhr • Teilnahme an Workshops 10 €, Eintritt nur zum Spielen kostenlos

---

der ein Picknick auf dem Rasen noch das Herumrennen erlaubt. Deshalb am besten gleich in den Parco delle Cascine am Arno – mit Spielplatz zum Rutschen und Toben. Im Sommer hat das Schwimmbad Le Pavoniere geöffnet. Wer möchte, kann sich dort auch Rollschuhe leihen.
– Le Cascine • zwischen Piazza Vittoria Veneto und Ponte all'Indiano • Tram 1: Cascine, Bus 17, 60: Cascine 02, Bus C3: Leopolda
– Le Pavoniere • Via della Catena 2 • Mo–Fr 10–18, Sa, So 10–18.30 Uhr • Eintritt Erwachsene 8 €, Kinder 6 €

Spielplätze

Man muss sie ein wenig suchen, aber es gibt durchaus einige nette Plätze mit Klettergerüsten, Wippen und Spielhäusern, meist auch mit Schaukeln für die ganz Kleinen. Der Spielplatz im Giardino di Borgo Allegri liegt zwar in der Nachbarschaft der von Touristen häufig besuchten Kirche Santa Croce, wird aber fast nur von Einheimischen genutzt und hat sogar noch Rutschautos im Angebot. Spielplätze:
– S. Croce • Borgo Allegri • Bus C3: Magliabechi • tgl. 9.30–12.30, 15–18 Uhr   ▶ S. 120, C 13
– S. Croce • Piazza Massimo d'Azeglio • Bus 6, 19, 31: D'Azeglio   ▶ S. 117, D 7
– S. Croce • Piazza dei Ciompi • Bus C2, C3: Beccaria   ▶ S. 117, D 8
– S. Spirito • Piazza Torquato Tasso • Bus 12: Pratolini   ▶ S. 119, D 10

STADTBESICHTIGUNG

iBike Florence   ▶ S. 116, A 8

Die Agentur veranstaltet rund 2½-stündige Radtouren zu den Hauptsehenswürdigkeiten der Stadt: Der Nachwuchs bekommt Spezialsitze, Helme oder Anhänger. Bis fünf Jah-

Im Museo dei Ragazzi (▶ S. 45) schlüpft ein Schauspieler in die Rolle des Cosimo I. de' Medici und macht spezielle Führungen für Kinder durch den Palazzo Vecchio.

ren dürfen Kids kostenlos mitfahren. Inklusive sind Fahrrad, Helm, Führung und – sehr wichtig – ein Eis.
S. Giovanni • Via de' Lamberti 1 • Bus C2: Orsanmichele • www.ibikeflorence.com • März–Okt. • 25 €/Person

Milleeunabici   ▶ S. 115, F 3

An acht Plätzen über die Stadt verteilt, unter anderem am Bahnhof Santa Maria Novella, vermietet Milleeunabici Fahrräder – auch mit kostenlosem Sitz für Kinder zwischen drei und sieben Jahren. Sitze für die Jüngsten sind geplant. Die Räder können an jeder anderen Station von Milleeunabici abgegeben werden.
S. Maria Novella • vor dem Bahnhof Richtung Kirche Santa Maria Novella • Bus 1, 2, 6, 11, 12, 13, 22, 28, 36, 37, D, C2: Stazione • www.cooperativa ulisse.it • März–Okt. Mo–Sa 8–19, Nov.–Feb. Mo–Sa 10–17 Uhr • 2 €/Std., 10 €/Tag

👪 Weitere Familientipps sind durch dieses Symbol gekennzeichnet.

Postkartenblick von der Piazzale Michelangelo (▶ S. 62) auf die Altstadt. Kein
Wunder, dass sich hier in den Abendstunden auch viele Liebespaare einfinden.

Unterwegs
in Florenz

Stadt der Medici, Wiege der Renaissance und des
Humanismus, Kunstmetropole – das Zentrum von
Florenz ist ein einziges großes Freilichtmuseum.

Sehenswertes

Wer tiefer in die unermessliche Fülle an Kunstschätzen eintauchen will, sollte schon ein wenig Zeit mitbringen. Die räumliche Dichte an touristischen Attraktionen ist wohl weltweit einzigartig.

◄ Gotische Formen mit hoch aufstrebenden Pfeilern und Spitzbögen prägen den Innenraum des Doms (▶ S. 54).

Die meisten Sehenswürdigkeiten können hervorragend zu Fuß erkundet werden – und zu jeder Jahreszeit. Der Nachteil: Weil Florenz derart viele Kunstschätze hat, ist man vor allem im Frühjahr, Sommer und Frühherbst nie allein. Florenz ist sehr stark von Touristen besucht, und so müssen Besucher häufig Schlange stehen, wenn sie die Hauptsehenswürdigkeiten wie Domkuppel oder Baptisterium betreten wollen. Wer viele Museen, Gemälde und Kirchen ansehen will, sollte sich die **Firenze Card** für 50 € besorgen (▶ S. 107). Dann darf er an der Schlange der Wartenden vorbeiziehen.

Um all diese wunderbaren Skulpturen, Gemälde, Palazzi zu besichtigen, bräuchte man locker eine Woche. Das Gute daran: So hat Florenz auch für Reisende, die zum zweiten, dritten oder vierten Mal kommen, noch jede Menge wunderbare Parks, Klöster, Kunst- und Bauwerke zu bieten.

SEHENSWERTES

Badia Fiorentina   ▶ S. 116, B 8

In einer der bekanntesten Schriften Dantes, der »Vita Nova«, trifft der Autor hier auf Beatrice: Beim Anblick in der Kirche verfällt er ihr und bedichtet sie ein ganzes Buch lang. Die »Vita Nova« inspirierte später zahlreiche italienische Schriftsteller wie Petrarca. Darüber hinaus ist die Badia Fiorentina eine hübsche, mittelalterliche Abteikirche aus dem späten 13. und frühen 14. Jh. und das älteste Kloster der Stadt. 978 wurde es als Benediktinerkloster gegründet. Baumeister Arnolfo di Cambio

erneuerte die Badia zwischen 1284 und 1319. Im 17. Jh. kam noch ein barocker Umbau der Kirche hinzu. Sehenswert im Inneren des Gotteshauses ist das Gemälde »Vision des hl. Bernhard« (um 1486) von Filippino Lippi, dem Renaissancemaler und Vorläufer des Manierismus. Außerdem befindet sich in der Kirche »Die himmelfahrende Jungfrau und zwei Heilige« von Giorgio Vasari, Maler, Biograf italienischer Künstler und erster Kunsthistoriker.

S. Croce • Via del Proconsolo 8 • Bus C2: Ghibellina • Mo 15–18 Uhr

Battistero San Giovanni 🟥1

▶ S. 116, A 8

Das Baptisterium ist San Giovanni, dem Heiligen Johannes, gewidmet – und damit dem Patron der Stadt. Noch bis ins 19. Jh. wurden hier alle gebürtigen Florentiner getauft. Es wurde im 11. Jh. geweiht und ist eines der wichtigsten Werke der florentinischen Protorenaissance, einem romanischen Stil, der schon deutliche Züge der Renaissance trägt und später Vorbild für viele Künstler wurde. Unter der Taufkirche des Florentiner **Doms** 🟥2 fand man Reste römischer Gebäude und Mosaiken. Bislang streiten sich Forscher, ob das Baptisterium selbst in den ersten Jahrhunderten des Christentums in Florenz gebaut wurde oder lediglich auf den Resten eines alten römischen Ge-

WUSSTEN SIE, DASS …

… sogar Michelangelo von Ghibertis Türen zum Baptisterium geschwärmt hat? Er soll gesagt haben: »Sie sind so schön, dass sie sich gut an den Pforten des Paradieses ausnähmen.«

bäudes im 11. Jh., kurz vor der Weihe 1059, errichtet wurde. Zu dieser Zeit des Mittelalters orientierte sich die Baukunst der Gegend stark an der römischen Antike. Seine heutige Gestalt bekam die achteckige Kirche zwischen dem 11. und 13. Jh. Highlights sind das **Bronzeportal** im Süden von Andrea Pisano sowie die beiden **goldenen Türen** von Lorenzo Ghiberti. Pisano wurde im Jahr 1322 mit der Anfertigung des Bronzeportals beauftragt. Es ist eine rein gotische Darstellung des Lebens Johannes des Täufers. Die unteren acht Bildnisse zeigen Allegorien der Tugenden: Stärke, Mäßigung, Gerechtigkeit, Klugheit, Glaube, Barmherzigkeit, Hoffnung und Demut. Die beiden Tore von Lorenzo Ghiberti entstanden nach einem Wettbewerb, den die Wollhändler 1401 ausschrieben. Es dürfte einer der ersten Wettbewerbe dieser Art in der neueren Kunst gewesen sein. Ghiberti ging als Sieger hervor – unter anderem übertrumpfte er Brunelleschi. Dieser soll danach frustriert die Bildhauerei aufgegeben und sich mehr der Architektur gewidmet haben. Zwischen der ersten Türe mit den Szenen aus dem Leben Jesu und der zweiten Türe Ghibertis, der Paradiespforte mit Episoden aus dem Alten Testament, kann man den Wechsel von der Gotik zur Frührenaissance gut nachvollziehen.

Das Grabmal für Johannes XXIII. im Inneren stammt von Donatello und Michelozzo; die Medici ließen es hier aufstellen. Die Holzstatue der büßenden Magdalena, die Donatello für die Taufkirche schuf, befindet sich heute im Dombaumuseum (▶ S. 75). S. Giovanni • Piazza San Giovanni • Bus C2: Roma • www.operaduomo. firenze.it • Mo–Sa 12.15–19, So 8.30–14 Uhr • Eintritt 5 €, Kombiticket für Campanile, Kuppel, S. Reparata, Baptisterium und Museum 23 €

Biblioteca Medicea Laurenziana
▶ S. 116, A 7

Die Bibliothek ist nach Lorenzo I. de' Medici benannt. Er erweiterte die Sammlung, die sein Großvater Cosimo 1441 begonnen hatte. Lorenzo verlieh die Handschriften großzügig an viele Gelehrte der Zeit. Seit 1560 ist die Bibliothek im Kloster San Lorenzo untergebracht, der ehemaligen Hauskirche der Herrscherdynastie. Entworfen hat den Bau über dem Kreuzgang von San Lorenzo kein Geringerer als Michelangelo. In drei Jahrzehnten wurden bis 1560 die Räume errichtet. Der Lesesaal ist im Stil der Hochrenaissance gehalten, Vestibül und Treppenaufgang spiegeln bereits den Manierismus wider. Im Hauptsaal kann man teilweise noch die Ausstattung aus dem 16. Jh. bewundern: Man nahm seinerzeit auf Lesebänken Platz, die an Kirchenbänke erinnern. An den Seiten sind schmale Tafeln befestigt, in welchen die Bücher, die sich unter den Lesepulten befanden, handschriftlich notiert wurden. Um Diebstähle zu verhindern und zu vermeiden, dass die Ordnung durcheinandergeriet, waren die Handschriften jeweils mit einer Kette am Pult befestigt.

Heute verfügt die staatliche Bibliothek über 150 000 Bücher und rund 11 000 Handschriften. Das Vestibül, die Treppe und die Bibliothek von Michelangelo kann man während der Ausstellungen besichtigen, ohne dabei etwas ausleihen zu müssen.
S. Giovanni • Piazza San Lorenzo 9 • Bus C1: San Lorenzo • www.bml. firenze.sbn.it • während der Ausstellungen Mo–Sa 9.30–13.30 Uhr

Campanile ▸ S. 116, A 8

Giotto wollte ihn eigentlich 110 bis 115 m hoch werden lassen. Er hatte die Fundamente 1334 vom Dombaumeister Arnolfo di Cambio nach dessen Tod übernommen. Doch Giotto di Bondone war 68 Jahre alt, als er die Aufgabe annahm und eine pyramidenförmige Spitze entwarf. Als er drei Jahre später starb, war gerade mal das erste Geschoss fertig. Es sollte noch weitere 22 Jahre dauern, bis seine Nachfolger Andrea Pisano und Francesco Talenti das Bauwerk vollendeten. Allerdings änderten sie die Pläne Giottos wieder. So ist der Campanile heute nur 84,70 m hoch. Die Fassade des gotischen Turms ist mit rotem, grünem und weißem Marmor geschmückt. Der Turm ist zu besichtigen, allerdings muss man die 414 Stufen zu Fuß hinaufsteigen. Dafür genießt man von oben einen grandiosen Blick auf die Stadt.
S. Giovanni • Piazza del Duomo • Bus C2: Roma • www.operaduomo. firenze.it • tgl. 8.30–19.30 Uhr • Eintritt 6 €, Kombiticket für Campanile, Kuppel, S. Reparata, Baptisterium und Museum 23 €

Certosa del Galluzzo

▸ Klappe hinten

Am Stadtrand, wo die Hügel des Chianti beginnen, liegt das Kartäuserkloster. Niccolò Acciaiuoli ließ es im 14. Jh. errichten. Der große Kreuzgang barg ursprünglich fünf Bogenfelder mit Szenen aus der Leidensgeschichte Christi, gemalt 1522 und 1525 von Jacopo Pontormo. Heute sind sie in der Pinakothek des

Wegzeiten (in Minuten) zwischen wichtigen Sehenswürdigkeiten
(zu Fuß)

	Santa Maria Novella	Palazzo Medici-Riccardi	Palazzo Pitti, Giardino di Boboli	Piazza del Duomo	Piazza della Signoria	Ponte Vecchio	San Lorenzo	San Miniato al Monte	Santa Croce	Spedale degli Innocenti
Santa Maria Novella	–	9	14	8	12	11	7	35	17	14
Palazzo Medici-Riccardi	9	–	17	3	10	11	2	33	13	7
Palazzo Pitti, Giardino di Boboli	14	17	–	13	8	4	16	25	15	21
Piazza del Duomo	8	3	13	–	5	7	4	29	10	6
Piazza della Signoria	12	10	8	5	–	3	9	24	6	14
Ponte Vecchio	11	11	4	7	3	–	10	21	11	16
San Lorenzo	7	2	16	4	9	10	–	34	14	8
San Miniato al Monte	35	33	25	29	24	21	34	–	21	32
Santa Croce	17	13	15	10	6	11	14	21	–	13
Spedale degli Innocenti	14	7	21	6	14	16	8	32	13	–

Klosters zu bewundern, in dem noch Benediktinermönche leben und geführte Rundgänge zulassen.
Certosa • Via Colleramole 11 • Bus 36: Certosa 02 • www.cistercensi.info/certosadifirenze • geführte Besichtigung Di–Sa 9, 10, 11, 15, 16 Uhr, im Sommer zusätzlich um 17 Uhr, So 16 Uhr, im Sommer auch 17 Uhr

Chiostro dello Scalzo ▸ S. 116, B 6

Der Kreuzgang gehörte einer Johannesbruderschaft, deren Kreuzträger bei Prozessionen barfuß – »scalzo« – liefen. Andrea del Sarto malte für sie einfarbige Fresken mit Szenen aus dem Leben Johannes des Täufers sowie Allegorien der Tugenden. Der Zyklus entstand zwischen 1509 und 1526 und gilt als eines der wichtigsten Renaissancewerke in Grisaille-Technik – Grau in Grau. Im Abendmahlsaal ist das »Cenacolo« von Andrea del Castagno zu sehen.
S. Giovanni • Via Cavour 69 • Bus 10, 31: Via della Dogana • www.uffizi.firenze.it • Mo, Do, Sa 8.15–13.50 Uhr • Eintritt frei

Corridoio Vasariano (Vasari-Korridor) ▸ S. 120, A 14

Cosimo I. de' Medici ließ diesen überdachten Gang im Jahr 1565 errichten, um unbehelligt vom Palazzo Vecchio über den Arno zum **Palazzo Pitti** 10 zu gelangen. Damit konnten die Medici vom Regierungs- zum Wohnsitz laufen – ohne wie das Volk zwischen den Läden durchzulaufen. Kein Geringerer als der Renaissancemaler und Kunsthistoriker Giorgio Vasari hat den Korridor errichtet. In der Mitte des **Ponte Vecchio** 5 sind einige große Fenster zu erkennen – die ließ allerdings erst Diktator Mussolini 1939 einsetzen.

S. Croce/S. Spirito • Ponte Vecchio • Bus C3, D: Ponte Vecchio, Bardi • www.polomuseale.fi.it • Besuch nur mit Führung auf Italienisch Anfang Mai–Anfang Juni Mi, Fr 14, 16.30, Do 9, 11.30 Uhr • Reservierungspflicht • Eintritt 15 € (inkl. 4 € Reservierungsgebühr), Kinder 9,50 €

Duomo Santa Maria del Fiore 2
▸ S. 116, A/B 8

Neben dem Palazzo Vecchio (▸ S. 60) das Wahrzeichen von Florenz. Ende des 13. Jh. sollte hier eine der größten Kirchen der Welt entstehen: Sie ist 53 m lang und 38 m breit und mit Laterne mehr als 114 m hoch. Damals wollten die Florentiner vor allem Pisa und Siena Konkurrenz machen.
Die anfänglich kleinere Kirche Santa Reparata wurde zunächst umbaut, um in ihr während der Bauzeit Gottesdienste zu feiern. Vom rechten Seitenschiff aus können ihre Reste unter der Kathedrale besichtigt werden.

> **WUSSTEN SIE, DASS …**
>
> … der Dom von Florenz die viertgrößte Kirche Europas ist? Über ein längeres Langschiff verfügen nur noch der Petersdom im Vatikan, St. Paul's Cathedral in London und der Mailänder Dom.

Nach dem Tod des ursprünglichen Baumeisters Arnolfo di Cambio übernahm Giotto die Arbeiten. Er stürzte sich insbesondere auf den Bau des **Campanile** (▸ S. 53). Die **Kuppel** stammt von Filippo Brunelleschi. 16 Jahre widmete man der 107 m hohen Konstruktion. Sie hat einen Durchmesser von 45 m und trug sich von Anfang an selbst. Handwerker errichteten sie ganz ohne Lehrgerüst.

Blick von der Kuppel des Doms (▶ S. 54) auf die Piazza del Duomo mit dem Campanile (▶ S. 53) und die Altstadt. 463 Treppenstufen gilt es zuvor zu bewältigen.

Sie gilt noch heute als ein Höhepunkt der Renaissance. Die Kuppel kann man besteigen, um den Blick über Florenz zu genießen. Der Dom ist ein Renaissancebau mit einigen Elementen der Gotik. Die Westfassade stammt aus dem späten 19. Jh. und imitiert lediglich den gotischen Stil.

Im Vergleich mit der Fassade aus weißem und grünem Marmor wirkt das Innere relativ schlicht. Die Marmorstatue des Evangelisten Johannes von Donatello steht heute nicht mehr in der Kathedrale, sondern ist im Dombaumuseum zu bewundern. Am auffälligsten ist die Kuppel. Giorgio Vasari malte sie aus. Nach dessen Tod vollendete Federico Zuccari sein Werk. Vasari wollte damit den Fresken Michelangelos in der Sixtinischen Kapelle in Rom Konkurrenz machen – was ordentlich misslang. Denn die Darstellungen sind so klein und so weit vom Boden entfernt, dass man von unten kaum etwas erkennen kann. Zudem lässt seine Verwendung der Perspektive die Kuppel kleiner erscheinen, als sie ist. Zu guter

Hinter der Rückseite des Palazzo Pitti (▶ S. 79) schmiegt sich an einen Hang die hübsche Pankanlage des Giardino di Boboli (▶ S. 56) – eine grüne Oase in der Großstadt.

letzt malte Zuccari allen Ernstes aus Versehen einem Esel Bärenbeine.

S. Giovanni • Piazza del Duomo • Bus C2: Roma, Bus C1, C2: Oriuolo • www. operaduomo.firenze.it • Nov.–April, Juni Mo–Mi, Fr 10–17, Do 10–16.30, Sa 10–16.45, So 13.30–16.45, Mai, Okt. tgl. 10–16, Juli–Sept. 10–17 Uhr, Kuppel Mo–Fr 8.30–19, Sa 8.30–17.40 Uhr • Eintritt zum Dom frei, Eintritt für die Kuppel 8 €, Kombiticket für Campanile, Kuppel, S. Reparata, Baptisterium und Museum 23 €

Giardino di Boboli 🔴3

▶ S. 119, D–F 11/12

Ganz leise nur vernimmt man die Stadt von hier oben: Hinter dem **Palazzo Pitti** 🔴10 liegt der Boboli-Garten auf einem Hügel. Ein paar Brunnen plätschern. Auf der einen Seite sieht man die Dächer von Florenz, auf der anderen erste ländliche Hügel mit Villen. Die barocke Anlage ist einer der bekanntesten Gärten Italiens aus dem 16. Jh. Wie damals üblich durchziehen lange Alleen und Laubengänge den Park. Viele Statuen, Brunnen und Tempel stehen vor Hecken und alten Bäumen. Ein Highlight ist die von Giambologna begonnene Skulptur »Abbondanza«, Überfluss, mit ihrem Füllhorn.

Der westliche Teil des Gartens ist eine Erweiterung aus dem 17. Jh. Dort führt eine Zypressenallee auf ein Wasserbecken zu. In der Mitte steht eine Kopie des Ozeanbrunnens von Giambologna aus dem Jahr 1576.

Kurz vor dem Parkausgang neben dem Palazzo Pitti säumen die fast ein wenig kitschigen **Grotten** von Buontalenti den Weg. Cosimo I. sorgte damals dafür, dass in die erste Grotte eine Statue von Michelangelo eingebaut wurde: Das Original des

»Gefangenen« befindet sich heute in der Galleria dell'Accademia (▸ S. 74) und wurde durch eine Kopie ersetzt. In der dritten Grotte ist Giambolognas »Venus« zu entdecken.

S. Spirito • Piazza de' Pitti 1 • Bus 36: San Felice, Bus C3: D. Pitti • Nov.–Feb. tgl. 8.15–16.30, März 8.15–17.30, April, Mai, Sept., Okt. 8.15–18.30, Juni, Aug. 8.15–19.30 Uhr, erster und letzter Mo im Monat geschl. • Eintritt 7 €

Giardino delle Rose ▸ S. 120, C 15

Er liegt am Viale Poggi, den viele Besucher auf dem Weg zum Piazzale Michelangelo hinaufwandern. Und dennoch laufen die meisten daran vorbei. Im hübschen Park blüht eine große Sammlung von Rosen. Vor allem ab Mai, wenn sich die Knospen öffnen, ist er besonders schön. Bereits 1865 wurde er von Giuseppe Poggi, dem Architekten des Piazzale Michelangelo, angelegt. Seit 1895 ist der Garten für die Öffentlichkeit zugänglich. Mittlerweile befinden sich darin auch Skulpturen des belgischen Bildhauers Jean-Michel Folon.

S. Spirito • Viale Giuseppe Poggi 2 • Bus 23, D: Lupo, Poggi, Bus 12, 13: Michelangelo 01 • Mai und Juni tgl. 9–20 Uhr

Giardino dell'Iris ▸ S. 121, D 15

Der kleine, versteckte Garten oberhalb der Altstadt ist nur vier Wochen im Jahr geöffnet – eben dann, wenn die Iris blüht, meist also zwischen Ende April und Mitte/Ende Mai. 3000 verschiedene Iris überziehen hier das Gelände am östlichen Ende des Piazzale Michelangelo. Der Park wurde 1957 angelegt, um Platz für einen internationalen Wettbewerb um die beste Vielfalt an Schwertlilien

zu haben. Schließlich ist die Iris das Wahrzeichen der Stadt. Zwischen der Blütenpracht haben Besucher außerdem einen tollen Blick auf Florenz.

S. Spirito • Piazzale Michelangelo • Bus 12, 13: Michelangelo 01 • www. irisfirenze.it • Ende April–Ende Mai tgl. 10–12.30, 15–19 Uhr • Eintritt frei

Giardino di Villa Bardini
▸ S. 120, B 15

Wie das Museo Bardini (▸ S. 75) gehörte auch die ehemalige **Villa Manadora** aus dem Jahr 1641 einst dem Antiquitätenhändler Stefano Bardini. Sehr hübsch präsentiert sich der Garten mit Barocktreppe zum Belvedere, Skulpturen, englischem Wald, landwirtschaftlichem Bereich und tollem Blick auf Florenz.

S. Spirito • Via dei Bardi 1 r • Bus 23, D: Demidoff, Serristori, Bus C3: Mozzi • www.bardinipeyron.it • Nov.–März Di–So 10–18, April–Okt. 10–19 Uhr • Eintritt 8 €, Kinder 6 €

Loggia dei Lanzi ▸ S. 120, A 14

In der dreibogigen Loggia voller Skulpturen feierte die Stadt früher Feste und Empfänge. Seinen Namen bekam der 1376 bis 1381 errichtete Hallenbau jedoch von den »Lanzichenecchi«, den Landsknechten von Cosimo I., die hier untergebracht waren. In der linken Arkade steht der berühmte »Perseus« von Benvenuto Cellini aus dem 16. Jh. Die Figur mit dem Haupt der Medusa in der Hand gilt als das Hauptwerk des Bildhauers. Der schwierige Guss der Statue aus einem Stück ist eine technische Meisterleistung der damaligen Zeit. Rechts ist der »Raub der Sabinerinnen« von Giambologna sehenswert.

S. Croce • Piazza della Signoria • Bus C2: Condotta

Ognissanti   ▶ S. 115, E 4

Pompös ist der erste Eindruck. Und das, obwohl die Kirche 1251 vom Orden der Umiliati gegründet wurde, zu dessen Grundprinzipien Armut und Arbeit gehören. Aus ihrer Zeit stammen einige Renaissancefresken sowie der romanische Campanile. Im Jahr 1571 übernahmen Franziskaner den Bau, gestalteten ihn um und brachten ihre Reliquien dorthin. Sie statteten Ognissanti daraufhin mit barocken Schnörkeln aus.

Ein Nebeneinander der Stile, das in sich doch sehr stimmig wirkt und vielleicht eine der schönsten Kirchen der Stadt neben **Dom** 2 und **Santa Croce** 7 hervorgebracht hat: still, prächtig und sehr stimmungsvoll. Aus den Lautsprechern tönt bei der Besichtigung leise Chormusik.

Im Inneren sind Fresken von Botticelli und Ghirlandaio aus dem 15. Jh. zu bewundern. Die »Pietà« und die »Madonna della Misericordia« malte Ghirlandaio im Auftrag der Familie Vespucci, deren berühmter Spross, der Entdecker Amerigo, dem Kontinent Amerika seinen Namen gab.

Zwei Fresken der beiden Künstler an den Wänden des Langhauses stellen Kirchenväter dar: Ghirlandaios »Heiliger Hieronymus« steht noch eindeutig unter dem Einfluss der Gotik und ist etwas steifer als »Sant'Agostino nello Studio« des Renaissancekünstlers Botticelli. Sein »Heiliger Augustinus« wirkt dramatischer und leidenschaftlicher. Beide

Gotische Tabernakel an der Außenfassade der Kirche Orsanmichele (▶ S. 59) umrahmen Skulpturen, die die Schutzheiligen der jeweiligen Handwerkszünfte darstellen.

Werke stammen aus dem Jahr 1480. Ebenfalls berühmt ist das Abendmahlfresko, eines der Hauptwerke von Domenico Ghirlandaio und ebenfalls von 1480. Es ist im Refektorium des Klosters zu finden und gilt als wichtiger Vorläufer für Leonardo da Vincis berühmte Abendmahl-Darstellung in Mailand. Ein Teil des Klosters nebenan dient heute als Kaserne der Carabinieri.
S. Maria Novella • Borgo Ognissanti 42 • Bus 36, C3: Ognissanti • www.chiesaognissanti.it • Abendmahl: Mo, Di, Sa 9–12 Uhr • Eintritt frei

Orsanmichele   ▶ S. 120, A 13

Eine Kirche mit spannender Vergangenheit: Das Gebäude war einst ein Getreidelager und eine Markthalle, die Dombaumeister Arnolfo di Cambio mitentworfen hatte. Zwischen 1380 und 1404 baute man sie zur Kirche um, mauerte die Bögen der Loggia zu und verzierte sie außen mit Nischen und Skulpturen. Interessanter als der Innenraum sind die Skulpturen außen, welche die Zünfte stifteten und unter anderem von Andrea del Verrocchio, Donatello, Lorenzo Ghiberti und Giambologna stammen. Allerdings: Die Werke an der Fassade sind Repliken, die Originale sind zum Schutz vor Vandalismus und Umweltschäden im Museum im ersten Stock untergebracht.
S. Giovanni • Via Calzaiuoli 13 • Bus C2: Orsanmichele • tgl. 10–17 Uhr, Aug. Mo geschl. • Eintritt frei – Museum: S. Giovanni • Via dell'Arte della Lana • www.uffizi.firenze.it • Mo 10–17 Uhr • Eintritt frei

Orto Botanico   ▶ S. 116, C 6

Nach Pisa und Padua der drittälteste botanische Garten der Welt: Im Jahr 1545 wurde er unter der Bezeichnung Giardino dei Semplici von Cosimo I. de' Medici gegründet: In ihm wuchsen Heilpflanzen, »semplici«. Heute dient er zur Arterhaltung und Bildung. Eine Abteilung für toskanische Heilpflanzen existiert allerdings noch immer. Seit 2008 gibt es darin multisensorische Pfade für Blinde.
S. Giovanni • Via P. A. Micheli 3 • Bus 10, 11, 17, 52, 54: Lamarmora 02 • www.msn.unifi.it • Mitte Okt.–März Mo, Sa, So 10–17, April–Mitte Okt. Do–Di 10–17 Uhr • Eintritt 10 €

Palazzo Corsini
▶ Museen und Galerien, S. 79

Palazzo Davanzati
▶ Museen und Galerien, S. 79

Palazzo Medici-Riccardi
▶ Museen und Galerien, S. 79

Palazzo Pitti 🔟
▶ Museen und Galerien, S. 79

Palazzo Rucellai   ▶ S. 115, F 4

Giovanni Rucellai betrieb eine geschickte Familienpolitik: Er schaffte es, mit den verfeindeten Familien Strozzi, Pitti und Medici verwandt zu sein. Und ließ sich zwischen 1446 und 1458 nach einem Entwurf von Leon Battista Alberti einen Wohnpalast bauen, der eine stilistische Weiterentwicklung des Palazzo Medici-Riccardi (▶ S. 79) ist. Hier wurde die Schaufassade antik-römischer Bauten erstmals wieder in Profanbauten der frühen Neuzeit aufgenommen.
S. Maria Novella • Via della Vigna Nuova 18 • Bus 6, 11: Vigna Nuova

Palazzo Strozzi
▶ Museen und Galerien, S. 80

Palazzo Vecchio (Palazzo della Signoria) ▶ S. 120, A 14

Der Palast diente im Lauf der Zeit als Sitz der Zunftvorsteher, des Parlaments, Residenz des Großherzogs und Rathaus. Das Gebäude und Wahrzeichen der Stadt Florenz hat der Architekt des Doms, Arnolfo di Cambio, 1299 bis 1314 konzipiert.

Als die Medici an die Macht kamen, übernahmen sie das Gebäude als Fürstensitz. Später zog die Verwaltung in die **Uffizien** **8** um, die Familie der Medici residierte im **Palazzo Pitti** **10**, und von da an war er nur noch »Palazzo Vecchio«, alter Palast. Heute befindet sich darin die Kommunalverwaltung. Den ersten und zweiten Stock können Besucher ansehen. Hier ist unter anderem das Spätrenaissance-Studierzimmer von Francesco I. de' Medici zu entdecken mit spätmanieristischen Malereien, der prächtige Saal der Lilien sowie der Saal der Fünfhundert mit Szenen der florentinischen Geschichte.

S. Croce • Piazza della Signoria • Bus C2: Condotta • www.museicivici fiorentini.it • Okt.–März Mi–Di 9–19, Do 9–14, April–Sept. Mi–Di 9–24, Do 9–14 Uhr • Eintritt 6 €, Kinder 2 €, Familienticket 14–16 €

Parco delle Cascine ▶ S. 114, A/B 1–3

Ursprünglich war der heutige Park agrarische Nutzfläche der Medici. Daher auch der Name: »Cascio« ist ein altes florentinisches Wort für Käse. 1531 begannen die Medici hier zu jagen und Gemüse anzupflanzen, es befanden sich dort Bauernhöfe und eine Molkerei. 1737 wurde das Gelände für alle geöffnet und schließlich in einen Park verwandelt. Neoklassizistische Tempel kamen dazu

und ein archäologischer Spazierpfad. Größere Alleen wurden durch den Garten geführt, um sie mit der Kutsche befahren zu können. Es ist mit 160 ha der größte Park von Florenz.

Le Cascine • zwischen Piazza Vittorio Veneto und Piazzaletto dell'Indiano • Tram 1, Bus 60: Cascine • tgl. 24 Std. • Eintritt frei

Piazza dei Ciompi, Loggia del Pesce ▶ S. 117, D 8

Den Platz gibt es erst seit den Fünfzigerjahren, als man einen Ort suchte, um die Loggia del Pesce des Renaissancekünstlers Giorgio Vasari aufzustellen. Unter der Loggia verkauften die Fischhändler ihre Waren. Sie stand früher auf einer Piazza, die es nicht mehr gibt, seitdem man einen Teil des Zentrums für die Piazza della Repubblica umgestaltete.

S. Croce • Piazza dei Ciompi • Bus 14, 23, C1, C2: Salvemini

Piazza della Repubblica ▶ S. 116, A 8

Einstmals waren hier die Fischhändler untergebracht und ein Ghetto. 1865 strukturierte die Stadt diesen Altstadtbereich um und legte diesen 75 auf 100 m großen Platz an.

S. Giovanni • Piazza della Repubblica • Bus C2: Repubblica

Piazza della Signoria **4** ▶ S. 120, A 13/14

Er ist einer der berühmtesten Plätze Italiens. Die Piazza della Signoria war traditionell das politische Zentrum der Stadt. Von hier aus wurde der Schriftsteller Dante Alighieri 1301 ins Exil geschickt. Später, im Jahr 1497, verbrannten die Florentiner im »Fegefeuer der Eitelkeiten« Schmuck, Spiegel, Kosmetik und Musikinstru-

Die Piazza della Signoria (▶ S. 60), gesäumt vom Palazzo Vecchio (▶ S. 60) und der Loggia dei Lanzi (▶ S. 57). Hier schlug jahrhundertelang das politische Herz der Stadt.

mente, nachdem sie von Girolamo Savonarola dazu aufgerufen worden waren. Ein Jahr später wurde der Bußprediger, Dominikaner und Agitator selbst wegen Ketzerei auf der Piazza gehängt und verbrannt. Ein Schild im Boden erinnert daran.

In römischer Zeit stand auf dem Platz ein Theater, dessen Reste man unter dem Palazzo Vecchio fand. Allerdings waren die Römer bei Weitem nicht die ersten, die sich hier niederließen. Schon zur Jungsteinzeit wohnten an dieser Stelle Menschen. Seine heutige Form bekam der Platz um 1268 als die Guelfen die Häuser der unterlegenen Ghibellinen zerstörten. Ab 1314 war im **Palazzo Vecchio** (▶ S. 60) das Parlament untergebracht. Benannt ist die Piazza nach der »Signoria«, der republikanischen Regierung der Stadt. Der Platz ist begrenzt vom Palazzo Vecchio mit seinem Uhrenturm, dem heutigen

Sitz der Kommunalverwaltung. Davor ist das Wahrzeichen der Stadt zu sehen: der Löwe mit dem Stadtwappen, das eine rote Lilie zeigt. Ebenfalls vor dem Palazzo Vecchio steht eine Kopie des berühmten **»Davide«** 9 von Michelangelo. Er ist die wohl berühmteste Statue der europäischen Kunstgeschichte: Zwischen 1501 und 1504 schuf Michelangelo diese Skulptur. Er zeigt den Helden bereits mit der Steinschleuder in der Hand, kurz bevor er sie auf Goliath ansetzt. Auftraggeber für die 5,17 m hohe Figur war die Wollweberzunft, die sie ursprünglich für den Dom vorgesehen hatte. Das Original befindet sich zum Schutz vor Abgasen und Tauben in der Galleria dell'Academia (▶ S. 74). Daneben ist eine Kopie der Statue »Judith und Holofernes« von Donatello aufgestellt.

In südlicher Richtung erstreckt sich die **Loggia dei Lanzi** (▶ S. 57) mit ihren Skulpturen. Hübsch ist auch der **Neptunbrunnen** von Bartolomeo Ammanati. Die manieristische Anlage entstand zwischen 1563 und 1575 am Übergang von der Renaissance zum Barock. Sie wurde am Ende eines Aquädukts aus der Antike erbaut. 1587 beauftragte der Medici-Herzog Ferdinando den Bildhauer Giambologna damit, ein **Reiterstandbild** seines Vaters Cosimo I. zu entwerfen, das neben dem Neptunbrunnen steht. 1359 entstand das **Tribunale della Mercanzia**. An der Fassade des Alten Handelsgerichts befinden sich die Wappen der 21 Zünfte.

Zwischen 1865 und 1895 war Florenz die Hauptstadt Italiens. Und das wollte man an dem Platz, der sich in den vorhergehenden Jahrhunderten kaum verändert hatte, herausstellen. So errichtete man den **Palazzo delle Assicurazioni** im Stil der Neorenaissance. Heute beherbergt der Palazzo das durchaus gute, aber sehr teure Café Rivoire.

S. Croce • Piazza della Signoria • Bus C2: Condotta

Piazzale Michelangelo

▶ S. 120/121, C/D 15

Die bekannteste Aussicht auf Florenz: 1869 wurde der riesige Platz nach einem Plan von Giuseppe Poggi angelegt. Darauf stehen eine Bronzekopie des **»Davide«** von Michelangelo 🔴**2** und eine Kopie der vier Statuen der Medici-Grabkapellen. Hier treffen sich abends Liebespärchen, Touristen kommen in Bussen, Straßenmusiker spielen Gitarre – und viele Besucher fotografieren den Postkartenblick auf Domkuppel, Fluss, die Dächer und Brücken der Stadt.

S. Spirito • Piazzale Michelangelo • Bus 12, 13: P. Michelangelo 01

Ponte Vecchio 🔴**5**   ▶ S. 120, A 14

»Alte Brücke« heißt dieses Bauwerk – und sie ist tatsächlich die älteste Brücke der Stadt. Sie stammt aus dem Jahr 1345 und verbindet das Zentrum mit dem »Oltrarno«, dem Ufer jenseits des Arno. Schon die Etrusker nutzten an dieser Stelle einen Flussübergang. In seiner heutigen Form wurde der Ponte Vecchio errichtet, als die frühere Holzkonstruktion einem Hochwasser zum Opfer fiel. Zwölf Jahre dauerte die Fertigstellung.

Eng reihen sich darauf die winzigen Häuschen aneinander, deren hinteres Ende über die Bögen hinausragt. Nur in der Mitte hat man einen freien Blick auf den Fluss. Unter den Arkaden befindet sich die Büste von Benvenuto Cellini, dem berühmtesten Goldschmied der Stadt. Passend, kann man doch in den Läden Uhren, Schmuck und Juwelen kaufen.

In den kleinen Häusern waren jedoch nicht immer Goldhändler untergebracht. Anfangs arbeiteten dort Schlachter und Gerber – schließlich konnte man seine Abwässer direkt in den Fluss leiten. An Umweltschutz dachte damals keiner, der Fluss war jahrhundertelang eine braune Brühe. Erst ab 1593 übernahmen Goldschmiede die Läden – wohl weil es Großherzog Cosimo I. zu sehr stank, wenn er von der **Piazza della Signoria** 🔴**4** zum **Palazzo Pitti** 🔴**10** ging. Giorgio Vasari baute 1565 über den Läden den Korridor (▶ S. 54) vom Palazzo Vecchio zum Palazzo Pitti.

Der Ponte Vecchio ist die einzige Brücke der Stadt, die den Zweiten Weltkrieg überstanden hat. Er gilt heute als eine der ältesten Segmentbogenbrücken der Welt.

S. Croce • Ponte Vecchio • Bus C3, D: Ponte Vecchio, Bardi

San Lorenzo 6   ▶ S. 116, A 7

Schon wieder Brunelleschi: Wie so vieles in der Stadt, baute er auch diese Kirche – schließlich hatte er sich mit der Planung der Domkuppel einen Namen gemacht. So beauftragte ihn Giovanni Bicci de' Medici damit, die ursprünglich romanische Basilika aus dem 11. Jh. zu erweitern. Wenngleich sich die Fassade recht schlicht und unvollendet zeigt, gibt es im Inneren doch einiges zu entdecken: Die Kanzel von Donatello mit Szenen aus dem Leben Christi, die »Verkündigung Mariä« von Filippo Lippi, die Grabstätten, die Andrea del Verrocchio für Giovanni und Pietro de' Medici schuf, sowie ein Fresko von Agnolo Bronzino zum Martyrium des hl. Lorenzo. In der alten Sakristei sind weitere Werke Donatellos zu bewundern.

San Lorenzo war ursprünglich die Kathedrale der Stadt, bevor Santa Reparata diese Rolle übernahm, die schließlich wiederum vom **Dom Santa Maria del Fiore 2** überbaut wurde. Später war San Lorenzo die Pfarrkirche der Medici – weswegen sich am hinteren Ende die Grabkapellen der Medici befinden. Die Treppe zur **Biblioteca Medicea Laurenziana** (▶ S. 52) stammt von Michelangelo. Sie ist vom Kreuzgang aus zu erreichen. Auf der Rückseite der Kirche entdeckt man die Grabmäler der Großherzöge der Toskana. Doch sehenswert sind die **Cappelle Medicee** vor allem wegen ihrer Architektur und dem Wirken des Bildhauers Michelangelo: Der entwarf im 16. Jh. nicht nur den Bau der Neuen Sakristei, er stattete sie auch mit den allegorischen Figuren der Morgenröte, Tag-, Nacht- und Abenddämmerung aus sowie mit einer Muttergottes

mit Kind. Weil er aber nach Rom umzog, blieb sein Werk unvollendet. Dennoch hat er ein wunderschönes Ensemble der Hochrenaissance hinterlassen, in der schon erste Tendenzen zum Barock zu erkennen sind. Später kam die Fürstenkapelle mit viel Marmor und Edelsteinen dazu. Bernardo Buontalenti und Matteo

»Perseus« von Benvenuto Cellini an der Loggia dei Lanzi (▶ S. 57).

Nigetti entwarfen sie Anfang des 17. Jh. In dem achteckigen Barockbau befinden sich Grabmäler, darunter jenes von Cosimo I.

– San Lorenzo: S. Giovanni • Piazza San Lorenzo • Bus C1: San Lorenzo • tgl. 10–17 Uhr • Eintritt 3,50 €
– Cappelle Medicee: S. Giovanni • Piazza Madonna degli Aldobrandini • Bus 6, 11, 22, C2: Unità Italiana • März–Nov., 26. Dez.–7. Jan. tgl. 8.15–16.50, 8. Jan.–Feb. tgl. 8.15–13.50 Uhr • Eintritt 6 €

Weißer Carrara-Marmor und grüner Serpentin: Die Klosteranlage San Miniato al Monte (▸ S. 64) aus dem 11. Jh. ist ein Juwel und war stilbildend für spätere Kirchenbauten.

San Miniato al Monte
▸ S. 120/121, C/D 16

Auf einem Hügel erhebt sich die weiß-grüne Marmorfassade einer der schönsten romanischen Kirchen der Stadt. Der Adler auf dem Giebel gilt als Zeichen, dass die Wollzunft den Bau finanzierte. Im Inneren entdeckt man Werke von Michelozzo, Luca della Robbia und Spinello Aretino.
S. Spirito • Via del Monte alle Croci • Bus 12, 13: S. Miniato al Monte • Sommer tgl. 8–12, Winter 8–13, 15.30–19 Uhr

Sant'Ambrogio   ▸ S. 121, D 13

Angeblich übernachtete an diesem Ort der hl. Ambrosius, als er Florenz im 4. Jh. besuchte. Heute ist in der Kirche ein Nebeneinander diverser Stile zu entdecken: Zu gotischen Elementen kamen Renaissancegemälde, später wurde der Bau barockisiert.
S. Croce • Piazza di Sant'Ambrogio • Bus C2, C3: Annigoni

Santa Croce 7   ▸ S. 120, C 14

Eng und laut sind die Gassen, bis sich plötzlich die riesige Piazza Santa Croce öffnet mit ihrem Franziskanerkloster samt berühmter Kirche. Vor der weiß, grün und altrosa gestreiften Fassade befindet sich die Dante-Statue von Enrico Pazzi (1865).
Angeblich legte Franz von Assisi den Grundstein zur Franziskanerkirche. Entworfen hat sie Arnolfo di Cambio, der auch den **Dom 2** baute. Erst im Jahr 1385 wurde sie schließlich fertiggestellt, die Fassade erst 1863 vollendet. Santa Croce ist ein Beispiel der italienischen Gotik mit weiten Arkadenöffnungen zu den Seitenschiffen hin und einer niedrigen Lichtgadenzone darüber. Ihre einfache, klare Bauform entspricht den Prinzipien der Franziskaner.
Allerdings: Die Innenausstattung ist durchaus üppig. Giotto-Fresken schmücken die Peruzzi-Kapelle mit Szenen aus dem Leben des Heiligen

Johannes und des Johannes des Täufers sowie die Bardi-Kapelle mit Episoden aus dem Leben des Heiligen Franziskus. Im Barock waren sie übermalt und zugestellt. Ende des 19. Jh. restaurierte man sie – in der damals durchaus üblichen Art, fehlende Teile mit etwas Fantasie zu ergänzen. 1958 wurden die neueren Teile wieder entfernt – und so befinden sich darauf heute einige Lücken. In einer Franziskanerkirche bestattet zu werden, galt früher als Erlösung von den Sünden. Und so ruhen dort einige der berühmtesten Florentiner: von Michelangelo und dem Komponisten Gioacchino Rossini über den Philosophen Niccolò Macchiavelli bis hin zu den italienischen Forschern Guglielmo Marconi und Galileo Galilei. Dante Alighieri ist nur mit einem Scheingrab vertreten. Der Schriftsteller ist in Ravenna bestattet.

Unvollendet, aber sehenswert ist die **Cappella dei Pazzi** am Kreuzgang im Süden der Kirche. Brunelleschi entwarf die Renaissancekapelle der Familie Pazzi. Sie ist über das Museo dell'Opera di Santa Croce zu sehen. Hier befindet sich auch das Kruzifix von Cimabue vom Ende des 13. Jh. Es wurde bei der Überschwemmung 1966 beschädigt, das Gesicht Christi ist heute noch verwischt, die Restauratoren konnten es nicht mehr ganz in den ursprünglichen Zustand bringen. Ein anderes Kruzifix aus dem Jahr 1425 stammt von Donatello.

S. Croce • Piazza Santa Croce 16 • Bus C3: Magliabechi, Bus 23, C1, C3: Verdi • Kirche, Museum Mo–Sa 9.30–17.30, So 14–17.30 Uhr • Eintritt 6 €

Santa Felicità ▸ S. 120, A 14

Die erste Kirche im Oltrarno, ihre Ursprünge gehen bis ins 4./5. Jh. zurück.

Der heutige Bau stammt weitgehend aus dem 18. Jh. 1564 schuf Renaissancekünstler Vasari eine Vorhalle, über der ein Teil des Vasari-Korridors (▸ S. 54) verläuft. Zwischen Vorhalle und Langhaus steht die von Brunelleschi errichtete Cappella Capponi mit manieristischen Fresken von Pontormo aus dem 16. Jh.

S. Spirito • Piazza Santa Felicità • Bus C3, D: Ponte Vecchio, Bardi • Mo–Sa 9.30–12.30, 15.30–17.30 Uhr

Santa Maria del Carmine, Cappella Brancacci ▸ S. 119, D 10

Von außen wirkt die Kirche im Viertel San Frediano recht unscheinbar: Unfertig, roh und sandfarben ragt der Bau über der Piazza del Carmine empor. Sie wurde zwar schon 1268 errichtet, doch im 18. Jh. nach einem Brand stark umgebaut. Nun herrscht innen eine spätbarocke Pracht voller Schnörkel. Immerhin – die Sakristei stammt zum Teil noch aus dem 15. Jh. Sehenswert ist vor allem die Cappella Brancacci, die seit 1990 wieder zugänglich ist: geschmückt mit Fresken von Masaccio, die als Meisterwerk der Renaissance gelten. Als der Künstler Florenz verließ, vollendete Filippino Lippi sein Werk 1480.

S. Spirito • Piazza del Carmine 14 • Bus D: Carmine, San Frediano 04 • www.museicivicifiorentini.it • Mo, Mi, Sa 10–17, So 13–17 Uhr • Eintritt 4 €

Santa Maria Maddalena dei Pazzi ▸ S. 117, D 7

Im Museum des Klosters Santa Maria Maddalena dei Pazzi sind Fresken von Perugino zu sehen, die er dort zwischen 1493 und 1496 malte.

S. Croce • Via della Colonna 9 • Bus 6, 14, 19, 23, 31: Colonna 04 • Di, Do 14.30–17.30 Uhr • Eintritt frei

Santa Maria Novella ▶ S. 115, F 3

Aus der Gotik stammt der Bau dieser Dominikanerkirche. Die Fassade aus weißem und olivgrünem Marmor wurde erst später von der Familie Rucellai finanziert und von Leon Battista Alberti im Renaissancestil errichtet. Typisch für die Renaissance sind die starke Strukturierung, die klaren, geometrischen Formen.
Im Chor im Inneren ist ein Hauptwerk von Domenico Ghirlandaio zu bewundern: Szenen aus dem Leben Marias sowie Johannes des Täufers schmücken die Cappella Tornabuoni. Sie entstanden zwischen 1485 und 1490. Im Seitenschiff ist das Fresko »Die heilige Dreifaltigkeit« von Tommaso Masaccio zu sehen. Im Zentrum der Kirche schwebt ein Kruzifix, das Giotto wahrscheinlich zwischen 1288 und 1289 gestaltete. Im angeschlossenen Museum sind unter anderem der Kirchenschatz und die Fresken Ghirlandaios zu sehen.
S. Maria Novella • Piazza Santa Maria Novella • www.chiesasanta marianovella.it • Mo–Do 9–17.30, Fr 11–17.30, Sa 9–17, So 13–17 Uhr • Eintritt Kirche und Museum 3,50 €

Santa Trinità ▶ S. 115, F 4

Der Bau stammt aus dem 11. Jh., damals lag die Kirche noch außerhalb der Stadtmauern. Die gotischen Erweiterungen datieren vom Anfang des 14. Jh., die Spätrenaissancefassade schuf 1593 Bernardo Buontalenti. Im Inneren, in der Sassetti-Kapelle, sind die Fresken von Domenico Ghirlandaio sehenswert. Hier integrierte er erstmals in eine Heiligenvita die Porträts von Zeitgenossen sowie Florenzansichten: In den Szenen aus dem Leben des hl. Franziskus sind die Piazza della Signoria, der Stifter Sassetti, Lorenzo de' Medici und Ghirlandaio selbst zu entdecken.
S. Maria Novella • Piazza Santa Trinità • Bus C2: Porta Rossa • Mo–Sa 8–12, 16–18, So, feiertags 8–10.45, 16–18 Uhr

Santissima Annunziata
▶ S. 116, C 6/7

Eine der wichtigsten Wallfahrtskirchen der Stadt – das Bildnis der Madonna soll wundertätig sein. Gegründet wurde das Gotteshaus des Servitenordens 1250. Das Gemälde »Die Verkündung« wurde von einem Mönch gemalt und angeblich von einem Engel vollendet – wodurch die Kirche praktischerweise einen wunderbaren Anziehungspunkt für Wallfahrer bot. Deshalb musste der Bau im Lauf der Zeit mehrmals vergrößert werden. Im 15. Jh. wurde die Anlage völlig neu gestaltet, im 17. und 18. Jh. kamen barocke Elemente hinzu. Michelozzo entwarf das Tabernakel für das heute noch von Wallfahrern verehrte Gnadenbild.
Weitere Highlights verstecken sich in den Kreuzgängen, darunter Fresken von Andrea del Sarto und Perugino. In der Chorscheitelkapelle befindet sich der Sarkophag des Künstlers Giambologna.
S. Giovanni • Piazza SS. Annunziata • Bus 6, 14, 19, 23, 31: SS. Annunziata • tgl. 16–17.15 Uhr

Santo Spirito ▶ S. 119, E 10

Der Ursprungsbau entstammt zwar dem 13. Jh., doch gestalteten ihn Filippo Brunelleschi und diverse Nachfolger im 15. Jh. zur Renaissancekirche um, die dem ganzen Viertel des Oltrarno seinen Namen gab. In den Seitenkapellen der Basilika sind Werke von Donatello und

Ghirlandaio versteckt. Michelangelo soll hier als junger Mann in den unteren Räumen Leichen seziert haben. Heimlich und bei Kerzenlicht – schließlich war es damals strengstens verboten, die Anatomie des Menschen auf diese Weise zu studieren.

S. Spirito • Piazza Santo Spirito • Bus C3, D: S. Spirito • Mo, Di, Do–Sa 10–12.30, 16–17.30, So 16–17.30 Uhr

Spedale degli Innocenti
▶ S. 116, C 7

Wie so vieles andere in Florenz errichtete Filippo Brunelleschi auch das Waisenhaus. Es gilt als sein erster wichtiger Bau und als das erste Findelhaus dieser Art. Noch heute ist im hinteren Teil des Gebäudes ein Kinderheim untergebracht. Früher konnte man unerkannt durch eine Drehtür unerwünschten Nachwuchs auf diese Weise abgeben – sozusagen die frühe Form einer Babyklappe. Die Kinder wurden dann aufgezogen und in einem Beruf unterrichtet.

Das Gebäude im Stil der Renaissance ist durch strenge geometrische Formen gegliedert. Brunelleschis Loggia vor dem Waisenhaus hat seinerzeit die gesamte europäische Architektur beeinflusst. Andrea della Robbia gestaltete die zehn mittleren Terrakotta-Medaillons mit Darstellungen von Wickelkindern.

Im Museum sind die beiden Kreuzgänge sowie eine kleine, aber feine Sammlung abgelöster Fresken und Gemälde zu sehen, u.a. die »Anbetung der Könige« von Ghirlandaio sowie die »Madonna mit dem Kind und Engel« von Sandro Botticelli.

S. Giovanni • Piazza SS. Annunziata 12 • Bus 6, 14, 19, 23, 31: SS. Annunziata • www.istitutodeglinnocenti.it • tgl. 10–19 Uhr • Eintritt 5 €

Die auf Schildkröten gestützten Marmorobelisken auf der Piazza di Santa Maria Novella mit der gleichnamigen Kirche (▶ S. 66) sind Arbeiten von Giambologna.

Michelangelo und Florenz

Der Bildhauer, Architekt und Maler war schon zu Lebzeiten ein Star und hat der Arnostadt seinen Stempel aufgedrückt.

Er schuf weltberühmte Gemälde und fälschte antike Statuen, er ließ sich von den Medici bezahlen und half ihren Gegnern: Michelangelo Buonarroti. In der Stadt am Arno begann er seine Karriere, hier liebte und arbeitete er, fand Inspiration und floh doch regelmäßig nach Rom oder Bologna. Michelangelo kommt am 6. März 1475 in Caprese zur Welt, einem Dorf südöstlich von Florenz. Der Vater Ludovico ist im Staatsdienst und erzieht seinen Sohn im Selbstverständnis, zu etwas Höherem berufen zu sein. Er beginnt eine Lehre – beim berühmtesten Maler der Stadt: Domenico Ghirlandaio. Michelangelo strotzt vor Selbstbewusstsein, als Lehrling verbessert er

ein Bild des deutschen Meisters Martin Schongauer eigenhändig. Damals ist er 13 Jahre alt. Ghirlandaio setzt ihn prompt vor die Tür. Doch das ist nichts, was ihn ernsthaft erschüttern könnte.

Der neue Mensch

Michelangelo ist ein Kind der Renaissance. Betrachtete das Mittelalter den Menschen noch als einfachen Büßer, so entwickelt sich im 15. Jh. eine neue Idee: Der Mensch gilt jetzt als kraftstrotzendes Individuum. Er darf sich als Schöpfer begreifen, und so stellen ihn Leonardo da Vinci, Giotto und Lorenzo Ghiberti mit klarer Körperlichkeit dar. Auch der Künstler gilt nicht mehr als schlichter Handwerker, sondern als

◂ Eine Kopie des David (▸ S. 61) von Michelangelo vor dem Palazzo Vecchio.

Genie. Den »Göttlichen« werden die Zeitgenossen Michelangelo nennen. Er macht schnell Karriere und darf an die Bildhauereischule, welche Lorenzo de' Medici aufgebaut hat.

In der Renaissance ist Florenz eine der wichtigsten Kunstmetropolen Europas: Dante, Petrarca und Boccaccio verfassen Werke, welche die europäische Literatur bis in die Moderne beeinflussen. Gefördert wird der kulturelle Reichtum auch von einer Familie: den Medici – Bankiers des Papstes und geschickte Kaufleute. Sie sichern sich – mit wenigen Unterbrechungen – über Jahrhunderte die Macht am Arno. In der Zeit an der Medici-Bildhauerschule schafft Michelangelo das Relief die »Kentaurenschlacht«, das sich heute im Museum Casa Buonarroti befindet. »Es war die schönste Zeit meines Lebens«, wird er später sagen.

Zwischen Rom und Florenz

Als Lorenzo stirbt und sein Sohn Piero die Macht übernimmt, brechen unruhige Zeiten an. Michelangelo ist mittendrin: Er wohnt im Viertel Santo Spirito und beteiligt sich an Orgien und Verschwörungen. In der gleichnamigen Kirche seziert er heimlich Leichen, um die Anatomie des Menschen zu studieren. Nach einem Zwischenaufenthalt in Bologna braucht er Geld. Zurück in Florenz fälscht er eine antike Statue und verkauft sie einem römischen Sammler, fliegt aber bald damit auf.

Dennoch ist man in Rom so begeistert von der Fälschung, dass Michelangelo den Auftrag für die berühmte »Pietà« im Petersdom bekommt. Aus dieser Zeit stammt auch die Skulptur »Trunkener Bacchus«, die sich heute im Nationalmuseum Il Bargello befindet. Von nun an stehen die Auftraggeber Schlange. Michelangelo ist angekommen unter den Großen der Szene. Er hatte sich ohnehin meist so verhalten, als gehöre er da sowieso hin.

Als sich die Lage nach der Herrschaft des Bußpredigers Savonarola beruhigt hat, kehrt er nach Florenz zurück – und bekommt den Auftrag für die **David-Statue** 🟊. Drei Jahre lang meißelt er aus einem Marmorblock den Helden kurz vor dem Kampf gegen Goliath. Daneben malt er das Bild »Die Heilige Familie« für den Patron Angelo Doni, das in den **Uffizien** 🟊 zu sehen ist. Nach Aufenthalten in Bologna und Rom, wo er die Decke der Sixtinischen Kapelle freskiert, zieht es ihn wieder an den Arno. Dort haben erneut die Medici die Macht übernommen.

Michelangelo beginnt mit der Grobbearbeitung von vier Sklaven, die für das Grabmal von Papst Julius II. gedacht waren. Sie stehen heute in der Galleria dell'Accademia und als Kopie in einer Grotte im **Giardino di Boboli** 🟊.

Außerdem gestaltet er die Biblioteca Laurenziana sowie die Grabkapellen der Medici in **San Lorenzo** 🟊. Als die Medici zwischenzeitlich aus der Stadt vertrieben werden, kümmert er sich für deren Gegner um die Verstärkung der Befestigungsanlagen bei San Miniato. Trotz der Aufträge der Herrscherdynastie ist er stets Republikaner. Er kann es sich inzwischen längst leisten, für beide Seiten zu arbeiten.

Im März 1534, mit 60 Jahren, verlässt er Florenz gen Rom. Er wird nie mehr zurückkehren. Michelangelo stirbt dort am 18. Februar 1564 mit 89 Jahren. Beigesetzt ist er jedoch in **Santa Croce** 🟊 – in jener Kirche, in welcher die berühmtesten Künstler und Wissenschaftler der Stadt begraben sind.

Museen und Galerien

Die Uffizien beherbergen zweifellos eine der bedeutendsten Kunstsammlungen der Welt. Doch auch die übrigen Ausstellungshäuser brauchen sich keineswegs zu verstecken.

◄ Die Galleria degli Uffizi (► S. 72) ist ein Muss für jeden Kunstinteressierten. Entsprechend groß ist der Andrang ...

Wie sollte es auch anders sein: Der Schwerpunkt der Museen und Galerien liegt natürlich auf der Renaissance. Hier können sich Besucher in die Epoche vertiefen wie in kaum einer anderen Stadt: Skulpturen, Gemälde, Wissenschaft, Wohnhäuser, Kunsthandwerk, Waffen, der Schriftsteller Dante Alighieri – es gibt kaum einen Aspekt, den nicht eines der Ausstellungshäuser abdeckt.

Den Grundstock dafür legten die Medici, sie kauften Kunstwerke, Antiken und Forschungsinstrumente. Als 1743 mit Anna Maria Ludovica die letzte Medici starb, vermachte sie ihre Sammlungen den Habsburg-Lothringern unter der Bedingung, dass nichts verkauft oder aus der Stadt gebracht werden dürfe. Ein Erbe, das Florenz erhalten blieb und später nicht wie in anderen Städten in alle Winde zerstreut wurde.

Die meisten Ausstellungshäuser sind heute bequem zu Fuß oder per Bus in der Altstadt zu erreichen. Wer nur wenig Zeit für Museumsbesuche hat, sollte sich auf die Uffizien konzentrieren: Viele der berühmtesten Gemälde von Botticelli, Giotto und Co. sind dort zu sehen – in einer der wichtigsten Kunstsammlungen der Welt. Aber: Wer die **Uffizien** 🔺**8** besichtigen möchte, sollte reservieren. Sonst muss man stundenlang in der Schlange stehen, selbst im Winter.

So immens die Auswahl zur Renaissance ist, bei zeitgenössischer Kunst hält sich das Angebot in Grenzen. Hier sollten sich Reisende vorab nach Wechselausstellungen im Palazzo Strozzi und einigen anderen Galerien erkunden. Informationen dazu gibt es beispielsweise auf der Homepage des Fremdenverkehrsamts unter www.firenzeturismo.it

Noch ein Tipp für alle, die viele Museen und Sammlungen auf ihrem Reiseplan haben: Dann lohnt sich der Erwerb der **Firenze Card**, mit der man außerdem nie am Eingang anstehen muss (► S. 107).

MUSEEN

Casa Buonarroti   ► S. 116, C 8

Im einstigen Wohnhaus der Buonarrotis sind einige der Werke des berühmtesten Familienmitglieds ausgestellt: so Michelangelos Frühwerk »Die Schlacht der Kentauren« sowie das Marmorrelief »Madonna della Scala«. Darüber hinaus sind römische Skulpturen, etruskische Funde sowie Majolika-Arbeiten zu sehen, welche die Familie anhäufte, um den Glanz der Dynastie zu demonstrieren. Das Grundstück kaufte Michelangelo übrigens noch selbst, das Haus ließ jedoch sein Großneffe im 17. Jh. bauen. S. Croce • Via Ghibellina 70 • Bus C2, C3: Teatro Verdi • www.casabuonarroti.it • Mi–Mo 10–17 Uhr • Eintritt 6,50 €

Casa di Dante   ► S. 116, B 8

Dante Alighieri schrieb seine »Göttliche Komödie« sowie die »Vita Nova« auf Italienisch. Eine mutige Entscheidung. Schließlich verfassten Dichter ernste Literatur damals in Latein und nicht in der vulgären Sprache der Gassen und Gaststätten. Dantes Schriften wurden die ersten bekannten Werke der italienischen Literatur und Vorbild für Schriftsteller in den Jahrhunderten nach ihm. Hier, in der Nähe des Doms, wohnte seinerzeit die adelige Familie des berühmtesten Dichters der Stadt. Allerdings wurde das Haus erst zu Beginn des 20. Jh. rekonstruiert. Im Inneren erfahren Besucher Details über das Leben des 1265 geborenen Poeten und sehen verschiedene Dante-Darstellungen seit dem 14. Jh. S. Croce • Via Santa Margherita 1 • Bus C2: Ghibellina • www.museo casadidante.it • Di–So 10–17 Uhr • Eintritt 4 €, Kinder 2 €

Casa Horne (Museo della Fondazione Horne)   ▸ S. 120, B 14

Herbert Percy Horne war zwar ein englischer Wissenschaftler des späten 19. Jh., doch sein florentinisches Wohnhaus aus dem 15. Jh. richtete er ein wie ein Italiener zur Zeit der Renaissance: Horne sammelte Gemälde und Skulpturen von Giotto, Masaccio, Giambologna. Dazu kaufte er Goldschmiedearbeiten, Siegel, Keramik sowie Möbel aus dem 13. Jh. Ein Museumsbesuch lässt nachvollziehen, wie reiche Bürger in der Epoche der Medici in Florenz lebten. S. Croce • Via dei Benci 6 • Bus 23, C1, C3: Benci • www.museohorne.it • Mo–Sa 9–13 Uhr • Eintritt 6 €

Forte di Belvedere   ▸ S. 120, A 15

Die sternförmige Festung im Oltrarno hat Bernardo Buontalenti 1590 bis 1595 erbaut. Die Medici wollten damit ihre Herrschaft über die Stadt demonstrieren. Schließlich konnten die Damen und Herren bei Gefahr die Bastion direkt vom Palazzo Pitti über die Boboli-Gärten erreichen. Im Inneren steht die **Palazzina di Belvedere**, die einstige Schatzkammer der Medici. Abends treffen sich dort heute viele Pärchen und genießen den Blick auf die Stadt. Hin und wieder werden Ausstellungen organisiert.

S. Spirito • Via di San Leonardo • Bus C3, D: Bardi, dann zu Fuß den Hügel hinauf • www.commune.firenze.it • Festung Eintritt frei

Fortezza da Basso   ▸ S. 115, E/F 1

Renaissancefestungsanlage aus dem 16. Jh., die bis 1967 vor allem das italienische Militär nutzte. Heute werden darin Konzerte, Wechselausstellungen und Messen veranstaltet. S. Maria Novella • Viale Filippo Strozzi • Bus 20: Montelungo, Bus 2, 4, 14, 22, 23, 28, 54, 57: G. Monaco • www.firenzefiera.it

Galleria degli Uffizi (Uffizien)
▸ S. 120, A 14

Renaissancekünstler und Kunsthistoriker Giorgio Vasari baute diesen u-förmigen Palast ab 1560. Den Auftrag für das Verwaltungsgebäude gab Cosimo I. de' Medici. Doch schon sein Sohn Francesco I. bewahrte im obersten Stock Kunstwerke auf. Schließlich sammelte seine Familie bereits seit dem 15. Jh. Meisterwerke. Die letzte Medici-Herzogin Anna Maria Ludovica vererbte die Sammlung 1743 der Stadt. Seit 1769 ist sie für den Publikumsverkehr offen. Florenz besitzt damit eine der wichtigsten Gemäldesammlungen der Welt. Tausende Werke aus dem 13. bis 18. Jh. vor allem aus der Malerei befinden sich heute im Besitz der Uffizien. Einige wurden im 20. Jh. dazugekauft oder stammen aus Klosterauflösungen im 18. und 19. Jh.

WUSSTEN SIE, DASS …

… die Uffizien ursprünglich die Verwaltungszentrale der Medici waren? Daher rührt der italienische Name »uffici« – Büros.

Die Casa Buonarroti (▶ S. 71) steht ganz im Zeichen des großen Michelangelo. Neben Frühwerken des Meisters sind auch viele Huldigungen von Nachgeborenen zu sehen.

Die Sammlung gibt einen guten Einblick in die Florentiner Malerei, ergänzt durch Werke flämischer und altdeutscher Künstler. Das Hauptaugenmerk liegt jedoch – wie könnte es anders sein – auf der Renaissance. Die Höhepunkte: »Die Geburt der Venus« und »Der Frühling« von Sandro Botticelli, »Die Verkündigung« von Leonardo da Vinci, »Die Heilige Familie« von Michelangelo sowie die »Thronende Madonna« von Giotto, Piero della Francescas Porträt der Herzöge von Urbino, das Luther-Bild von Lucas Cranach, Tizians »Venus von Urbino«, Raffaels »Madonna mit dem Zeisig«. Dazu kommen in den 50 Sälen und Gängen auch Statuen, Teppiche sowie Steineinlegearbeiten. Wer nicht Schlange stehen will, sollte seine Eintrittskarten vorbestellen.

S. Croce • Piazzale degli Uffizi • Bus C1: Galleria degli Uffizi • Kartenreservierung Tel. 29 48 83 • www.uffizi.firenze.it • Di–So 8.15–18.50 Uhr • Eintritt 6,50 €

Galleria dell'Accademia

▶ S. 116, B 6/7

Bekannt ist die Galleria vor allem wegen der Werke Michelangelos: Seit 1873 befindet sich hier der originale **»Davide«** von der **Piazza della Signoria**. Es folgten im 20. Jh. weitere Arbeiten wie die »Pietà di Palestrina« oder der »Heilige Matthäus«. Der Großteil der Sammlung in der Nachbarschaft des Hauptsitzes der Universität stammt allerdings von Großherzog Pietro Leopoldo. Er vermachte sie 1784 der Akademie: Die vielen antiken Kunstwerke sollten Malereistudenten als Vorbild dienen. Dazu kamen im Lauf der Zeit Werke aus verschiedenen florentinischen Kirchen und Klöstern. Einige Räume geben einen Überblick über die Malerei der Stadt anhand von Bildern von Giotto bis Masaccio.

Hier ist auch das **Museo degli Strumenti Musicali** (Musikinstrumentenmuseum) untergebracht, in dem eines der ältesten erhaltenen Klaviere der Welt zu bestaunen ist.

S. Giovanni • Via Ricasoli 58–60 • Bus 1, 6, 11, 14, 17, 19, 23, 31, 52, 54, 82, C1: Ricasoli • www.uffizi.firenze.it • Di–So 8.15–18.50 Uhr • Eintritt 6,50 €, Ausstellungen 11 €

Galleria d'Arte Moderna

▶ S. 119, F 11

Die Gemälde der Sammlung im Palazzo Pitti stammen aus der Zeit zwischen dem Ende des 18. Jh. und dem Ersten Weltkrieg. In 30 Sälen werden Bilder aus den Epochen des Klassizismus, der Romantik, des Symbolismus, Postimpressionismus und Pointillismus gezeigt. Der Fokus liegt auf italienischen Künstlern.

S. Spirito • Piazza de' Pitti 1 • Bus 36: San Felice, Bus C3: D. Pitti • www.uffizi.firenze.it • Di–So 8.15–18.50 Uhr • Eintritt 8,50 €

Zahlreiche Ausstattungsstücke des Doms, des Campanile und des Baptisteriums wurden durch Kopien ersetzt. Das Dombaumuseum (▶ S. 75) zeigt dagegen die Originale.

Museo Archeologico Nazionale

▸ S. 116, C 7

Im Zentrum des archäologischen Nationalmuseums steht die toskanische Antike, vor allem die Etrusker. Viele römische, griechische und etruskische Statuen, Schalen, Büsten und Vasen stammen aus dem ehemaligen Besitz der Medici. Sie legten den Grundstock für die heute größte Sammlung etruskischer Funde nach der Villa Giulia in Rom. Sehr bekannt ist die Bronzestatue der »Chimäre von Arezzo« und des »Redners«.

Der Palazzo della Crocetta beherbergt auch das **Museo Egizio** (Ägyptisches Museum). Es ist nach Turin die zweitgrößte Sammlung Italiens zu diesem Thema und zeigt Funde vor allem aus einer französisch-toskanischen Expedition von 1828.
S. Giovanni • Piazza SS. Annunziata 9 b • Bus 6, 14, 19, 23, 31: SS. Annunziata • www.archeotoscana. beniculturali.it • Di–Fr 8.30–19, Sa, So 8.30–14 Uhr • Eintritt 4 €

Museo Bardini

▸ S. 120, B 15

Er war einer der bekanntesten Antiquitätenhändler: Stefano Bardini sammelte Skulpturen, Möbel, Teppiche, Musikinstrumente, Gemälde und Waffen von der Römerzeit bis ins 18. Jh. Den Schwerpunkt bilden das Mittelalter und die Renaissance. Dafür errichtete sich Bardini 1881 einen neoklassizistischen Palast, den er später zum Museum umgestaltete und der Stadt Florenz vermachte. Highlights sind die »Madonna der Seildreher« von Donatello und der »Erzengel Michael« von Antonio del Pollaiuolo. Zusätzlich sind einige Stücke aus kommunalem Besitz ausgestellt, darunter etwa das »Teufelchen« von Giambologna.

WUSSTEN SIE, DASS …

… das Klavier in Florenz erfunden wurde? Bartolomeo Cristofori, Instrumentenbauer am Hofe der Medici, hat es 1698 konstruiert.

S. Spirito • Via dei Renai 37 • Bus 23, D: Demidoff, Serristori, Bus C3: Mozzi • www.museicivicifiorentini.it • Fr–Mo 11–17 Uhr • Eintritt 6 €

Museo del Cenacolo di Andrea del Sarto

▸ S. 117, östl. F 8

Im Refektorium des Klosters San Salvi sind ein Abendmahlfresko von Andrea del Sarto zu bewundern sowie Malereien und abgelöste Fresken des Meisters und seines Schülers Pontormo. Zum Besuch gehört auch ein Rundgang durch das Kloster aus dem 16. Jh. außerhalb der Altstadt.
Campo di Marte • San Salvi • Via di San Salvi 16 • Bus 20, 84: Fratelli Bandiera • www.uffizi.firenze.it • tgl. 8.15–13.50 Uhr • Eintritt frei

Museo del Cenacolo di Sant'Apollonia

▸ S. 116, B 6

Abgelöste Fresken, Vorzeichnungen sowie das bekannte Abendmahlfresko von Andrea del Castagno von 1447 sind im Museum des Benediktinerklosters Sant'Apollonia zu sehen.
S. Giovanni • Via XXVII Aprile 1 • Bus 1, 6, 11, 14, 17, 23, 52, 54, 82: Ventisette Aprile • www.uffizi.firenze.it • tgl. 8.15–13.50 Uhr • Eintritt frei

Museo dell'Opera del Duomo (Dombaumuseum)

▸ S. 116, B 8

Vor allem Originalskulpturen und Einrichtungsgegenstände des **Doms Santa Maria del Fiore** ⭐2, des **Baptisteriums** ⭐1 und des **Campanile** befinden sich hier – von Teilen römischer Sarkophage aus dem 2. und 3. Jh. bis hin zu Modellen für die Fassade aus dem 19. Jh. Highlights sind Michelangelos unvollendete Pietà, Donatellos Skulptur der Maria Magdalena und die Original-Paradiespforte des Baptisteriums.

S. Giovanni • Piazza del Duomo 9 • Bus C2: Olio • http://museo.opera duomo.fi.it • Mo–Sa 9–19.30, So 9–13.45 Uhr • Eintritt 6 €, Kombiticket für Campanile, Kuppel, S. Reparata, Baptisterium und Museum 23 €

Museo Ferragamo ▸ S. 119, F 9

Im **Palazzo Spini Feroni** aus dem 13. Jh. wird dem neapolitanisch-florentinischen Designer Salvatore Ferragamo gehuldigt: Fotos, Entwürfe, Holzformen und über 10 000 Schuhe vom Ende der Zwanzigerjahre bis 1960 stellen sein Lebenswerk dar.

S. Maria Novella • Via Tornabuoni 2 • Bus 11, 36, C3, D: Frescobaldi • www.museoferragamo.it • Mi–Mo 10–18 Uhr • Eintritt 5 €

Museo Galileo ▸ S. 120, A 14

Das ehemalige Museum der Wissenschaftsgeschichte ist inzwischen nach dem berühmten Forscher benannt. Schließlich verfügt es über originale Fernrohre, welche Galileo Galilei selbst entworfen und hergestellt hat. Zudem ist die Objektivlinse eines Teleskops zu sehen, mit der er die Jupitermonde entdeckte.

Daneben erklärt das Museum der Physik und Naturwissenschaften die Geschichte der Forschung in Florenz und der Toskana. Anhand der Medici-Sammlungen wissenschaftlicher Instrumente stellt es die Kultur und den zeitlichen Hintergrund dar, vor dem sich die Arbeit Galileis entfalten konnte. Instrumente, welche die

Lothringer Großherzöge im 18. und 19. Jh. erwarben, demonstrieren den Einfluss Galileis auf die spätere Forschung. Ein Schauspieler verkleidet sich regelmäßig als Galileo Galilei und führt Kinder auf Italienisch durch die Ausstellungsräume.

S. Croce • Piazza dei Giudici 1 • Bus C1: Galleria degli Uffizi • www.museo galileo.it • Mi–Mo 9.30–18, Di 9.30–13 Uhr • Eintritt 8 €, Kinder 5 €

Museo Gucci ▸ S. 120, A 13

Jede Menge Klamotten-Klassiker, die seit über 90 Jahren im Florentiner Designhaus entstanden sind. Dazu finden Wechselausstellungen zeitgenössischer Kunst statt.

S. Croce • Piazza della Signoria 10 • Bus C2: Condotta • tgl. 10–20 Uhr • Eintritt 6 €

Museo Marino Marini ▸ S. 115, F 4

184 Werke des aus dem 40 km entfernten Pistoia stammenden modernen italienischen Bildhauers werden in der ehemaligen Kirche San Pancrazio gezeigt. Die Standorte für seine Skulpturen und Zeichnungen hat der 1980 verstorbene Meister noch selbst ausgesucht. In der Krypta sind Wechselausstellungen von Künstlern des 19. und 20. Jh. zu sehen.

S. Maria Novella • Piazza S. Pancrazio 1 • Bus 6, 11, 12, 36: S. Maria Novella • www.museomarinomarini.it • Mo, Mi–Sa 10–17 Uhr • Eintritt 4 €

Museo Nazionale Alinari della Fotografia ▸ S. 115, F 3

Als es im Jahr 1985 eröffnete, war es das erste große Museum für Fotografie in Italien. Es verfügt über 900 000 historische Aufnahmen, darunter auch sehr frühe und seltene Daguerreotypien. Unter anderem besitzt

Das Museo Nazionale del Bargello (▶ S. 77) beherbergt eindrucksvolle Zeugnisse der Bildhauerei des 14. bis 16. Jh., darunter Werke von Donatello und Michelangelo.

es Bilder von Alphonse Bernoud, Wilhelm von Gloeden, Paul Graham, Carlo Naya und Bill Brandt. Der Museumstrakt erklärt die Geschichte der Fotografie – sowohl an historischen und zeitgenössischen Aufnahmen als auch an Objektiven sowie Laborwerkzeugen. In weiteren Räumen finden regelmäßig renommierte Wechselausstellungen statt.
S. Maria Novella • Piazza S. Maria Novella 14 a r • Bus 6, 11, 12, 36: S. Maria Novella • www.alinarifondazione.it • Mo–Sa 10–19.30 Uhr • Eintritt 9 €, Kinder 7,50 €

Museo Nazionale del Bargello

▶ S. 120, B 13

Der Stadtpalast mit Turm war noch vor dem Palazzo Vecchio (▶ S. 60) Sitz der kommunalen Behörden. Den Namen bekam das Gebäude aus dem 13. und 14. Jh. aber von seiner vorletzten Nutzung: als Sitz des Befehlshabers der Garde, des Bargello. Hierin befand sich das Gefängnis der Stadt. Seit dem Jahr 1859 dient der Palazzo als Ausstellungsraum für Statuen, die in den Uffizien keinen Platz mehr fanden. So entstand im Lauf der Zeit eine der bedeutendsten Skulpturensammlungen der Welt: Es gibt hier Werke von Donatello, Michelangelo, Benvenuto Cellini, Brunelleschi, Giambologna sowie Fresken von Giotto mit einer Dante-Darstellung zu entdecken.
Daneben befindet sich im Bargello eine Sammlung an Kleinkunst aus der Gotik und Renaissance: Münzen, Miniaturen, Majolika, Goldschmiedearbeiten, aber auch Waffen.
S. Croce • Via del Proconsolo 4 • Bus C2: Ghibellina • www.polomuseale.firenze.it • tgl. 8.15–13.50 Uhr • Eintritt 4 €

Museo Nazionale di San Marco

▶ S. 116, B 6

In einem Teil des Dominikanerklosters wohnen heute noch Mönche. Doch vieles ist längst in ein Museum umgewandelt: Berühmt sind die Zellen im Museumstrakt, welche Fra Beato Angelico mit herrlichen Fresken ausmalte. »Die Vollstreckung« entstand, als er selbst als Mönch in San Marco lebte. Das von Michelozzo umgebaute Kloster ist außerdem bekannt, weil Girolamo Savonarola als Prior im 15. Jh. dort lebte. Von der Kanzel des Doms hetzte er gegen den Sittenverfall unter den Medici. Die Bibliothek des Klosters hat ebenfalls Michelozzo entworfen. Es war die erste öffentliche Bücherei der Renaissance und verfügt heute über alte Miniaturmalereien.
S. Giovanni • Piazza San Marco 1 • www.uffizi.firenze.it • Mo–Fr 8.15–13.50, Sa, So, 8.15–16.50 Uhr • Eintritt 4 €

Museo Stibbert ▶ S. 116, nördl. B 5

60 Räume voll gepackt mit Waffen. Gesammelt hat sie Federico Stibbert (1838–1906), ein Italiener mit englischen Wurzeln. Er bewohnte einst diese Villa und wollte die florentinische Geschichte anhand alter Schwerter, Rüstungen und Säbel erklären. Spannend ist insbesondere der Palazzo mit seinen Tapeten, Wandbemalungen und Renaissancebildern. Mit der Einrichtung wollte Stibbert so authentisch wie möglich die jeweilige Epoche und den Herkunftsort der Ausstellungsstücke aus dem 16. bis 19. Jh. widerspiegeln. So befinden sich in der japanischen Abteilung etwa neben Rüstungen auch Kostüme und Lackarbeiten. Kurios, aber unterhaltsam.

Zeit für eine Rast auf der Piazza de' Pitti vor dem gleichnamigen Palazzo (▶ S. 79). Der monumentale Renaissancebau beherbergt heute u. a. die Galleria Palatina.

Montughi • Via Federico Stibbert 26 • Bus 4: Bigozzi • www.museostibbert. it • Mo–Mi 10–14, Fr–So 10–18 Uhr • Eintritt 6 €, Kinder 4 €

Opificio delle Pietre Dure

▶ S. 116, B 7

Ursprünglich von Ferdinando I. de' Medici im Jahr 1588 gegründete Hofmanufaktur, in der Handwerker Tafeln, Tische und Kredenzen mit Edelsteinmosaiken anfertigten. Die geschnittenen Steine setzten sie so zusammen, dass die Oberflächen wie gemalt aussahen. In den mittlerweile staatlich geführten Werkstätten werden heute noch Einlegearbeiten in Stein restauriert und verarbeitet. Das angeschlossene Museum informiert über die Materialien, Werkbänke und Arbeitsinstrumente.
S. Giovanni • Via degli Alfani 78 • Bus C1: Brunelleschi • www.opificiodelle pietredure.it • Mo–Sa 8.15–14 Uhr • Eintritt 4 €

Palazzo Corsini   ▶ S. 115, F 4

Am Arno-Ufer steht dieser riesige Barockpalast aus dem 17. Jh. Die Familie war damals eine der reichsten der Stadt, die Nachfahren bewohnen ihn heute noch zum Teil. Daneben werden hier Messen veranstaltet. Im ersten Stock befindet sich die **Galleria Corsini** mit Werken u.a. von Pontormo und Filippo Lippi.
S. Maria Novella • Via del Parione 11 • Bus 6, 11: Vigna Nuova • www.palazzo corsini.it

Palazzo Davanzati   ▶ S. 120, A 13

Ideal, um sich vorzustellen, wie wohlhabende Florentiner im Mittelalter und in der Renaissance lebten. Die Kaufmanns- und Bankiersfamilie Davizzi ließ den Palazzo Mitte des 14. Jh. erbauen, im 16. Jh. kauften ihn die Davanzati auf. Innen ist er mit Tischen, Stühlen, Wandteppichen, Töpfen, Schalen und Betten eingerichtet – eben so, wie Patrizier zwischen dem 14. und 17. Jh. logierten.
S. Giovanni • Via Porta Rossa 13 • Bus C2: Porta Rossa • www.uffizi.firenze.it • tgl. 8.15–13.50 Uhr • Eintritt 2 €

Palazzo Medici-Riccardi

▶ S. 116, A 7

Michelozzo hat den Renaissance-wohnpalast der Medici um einen herrlichen Innenhof errichtet. Das Gebäude wirkt geradezu burgähnlich und eher schlicht von außen. Schließlich wollte Auftraggeber und Bankier Cosimo Il Vecchio nicht den Neid der Florentiner auf sich ziehen. Im Erdgeschoss befanden sich früher Ställe und Küchen. Im zweiten Stock wurde gewohnt und repräsentiert, in der obersten Etage geschlafen.
Ende des 17. Jh. übernahm die Familie Riccardi den Palast. Heute ist unten die Präfektur untergebracht, oben das **Museo Mediceo** über die Geschichte der Familie. In der Familienkapelle ist die »Anbetung des Kindes« von Filippo Lippi sehenswert. Im Fresko »Zug der Heiligen drei Könige« von Benozzo Gozzoli sind viele prominente Mitglieder der Familie Medici porträtiert.
S. Giovanni • Via Cavour 1 • Bus 14, 23, C1: Pucci • www.palazzo-medici. it • Do–Di 9–18 Uhr • Eintritt 7 €, Kinder 4 €

Palazzo Pitti 🔟   ▶ S. 119, F 11

Benannt ist der riesige Renaissance-bau nach der Kaufmannsfamilie Pitti, die ihn im 15. Jh. errichten ließ, von keinem Geringeren als Filippo Brunelleschi. Im Jahr 1549 übernahmen die Medici den Palast, erweiterten ihn enorm auf die heutige Größe, inklusive Innenhof nach den Plänen von Ammannati. Später lebten die Lothringer darin. Als Florenz für kurze Zeit Hauptstadt Italiens war, residierte hier der Hof der Savoyer.

Heute sind im Palazzo Pitti zahlreiche Museen untergebracht – wie die Kunstsammlung der **Galleria Palatina**, das **Silber-** und **Kutschenmuseum**, die **Galleria d'Arte Moderna** (▸ S. 74) sowie die **Appartamenti Reali** (Prunkgemächer). Im Palazzo Pitti befindet sich eine weitere **Gemäldegalerie** mit Meisterwerken aus den Medici-Sammlungen: Werke von Raffael, Caravaggio, Giorgione, Tizian, Rubens und vielen anderen italienischen und europäischen Künstlern. Während die Uffizien den Schwerpunkt früher legen, konzentriert sich die Sammlung im ehemaligen Palast der Medici auf die Spätrenaissance bis zum Barock des 17. Jh. Berühmt ist unter anderem die »Madonna mit Kind« von Filippo Lippi, »La Bella« von Tizian, Porträts von Veronese und Tizian sowie einige der bekanntesten Gemälde von Raffael.

Die Lothringer Herzöge dekorierten die Galerie zwischen Ende des 18. bis zum Anfang des 19. Jh. Sie teilten die Kunstschätze der Medici zwischen Uffizien und Palazzo Pitti auf. Wie in Sammlungen des 17. Jh. üblich, füllen die Bilder die Wände vollständig aus. Sie hängen symmetrisch angeordnet in mehreren Reihen über- und nebeneinander. Zudem sind sie nicht chronologisch sortiert, sondern orientieren sich nach dem persönlichen Gusto der Herzöge.

In den Sälen werden darüber hinaus Plastiken u. a. von Canova sowie die typischen Tischchen mit Steineinle-gearbeiten präsentiert – ein Kunsthandwerk, das auch heute noch in Florenz praktiziert wird.

S. Spirito • Piazza de' Pitti 1 • Bus 36: San Felice, Bus C3, D: Pitti • www.palazzopitti.it • Di–So 8.15–18.50 Uhr • Eintritt 8,50 €, alle Museen des Palazzo 11,50 €

Palazzo Strozzi   ▸ S. 115, F 4

Zwischen 1489 und 1538 erbauter, wuchtiger Palast, in welchem auch international beachtete Wechselausstellungen stattfinden. Im Erdgeschoss informiert eine Dauerausstellung über die Geschichte des Palazzo. Filippo Strozzi ließ ihn 1489 errichten. Der Kaufmann wünschte sich ein Gebäude, welches das Wohnhaus der Medici an Größe übertreffen sollte. Doch er wollte wohl ein wenig zu viel. Letztendlich blieb das Gebäude unvollendet und wurde im 16. Jh. wegen der Gegnerschaft zwischen der Famlie Strozzi und den Medici beschlagnahmt. Den Innenhof mit Rundbögen und Säulen hat Simone del Pollaiolo entworfen.

S. Maria Novella • Piazza Strozzi • www.palazzostrozzi.org • Fr–Mi 9–20, Do 9–23 Uhr • Eintritt 10 €, Familien 20 €

GALERIEN

Brancolini Grimaldi   ▸ S. 120, A 14

Eine der wenigen kommerziellen Galerien für moderne Kunst – vor allem für Fotografie und Installationen. Brancolini Grimaldi hat Filialen in Rom und London und zeigt italienische und internationale Künstler wie Massimo Vitali.

S. Maria Novella • Vicolo dell'Oro 12 r • Bus C3, D: Ponte Vecchio, Bardi • www.brancolinigrimaldi.com • Mo–Sa 10–14, 15–19 Uhr

Wenn uns eine
Aussicht in Atem hält ...
... dann muss es live! sein
NEU
MERIAN live!
Toskana
MIT KAPITEL
NEU
grüner reisen
Uffizien › Pinakothek von Weltrang
Chianti › Malerische Weinorte
Palio in Siena › Berühmtes Pferderennen
& Kartenatlas im Buch
Extra-Karte zum Herausnehmen
MERIAN
Die Lust am Reisen

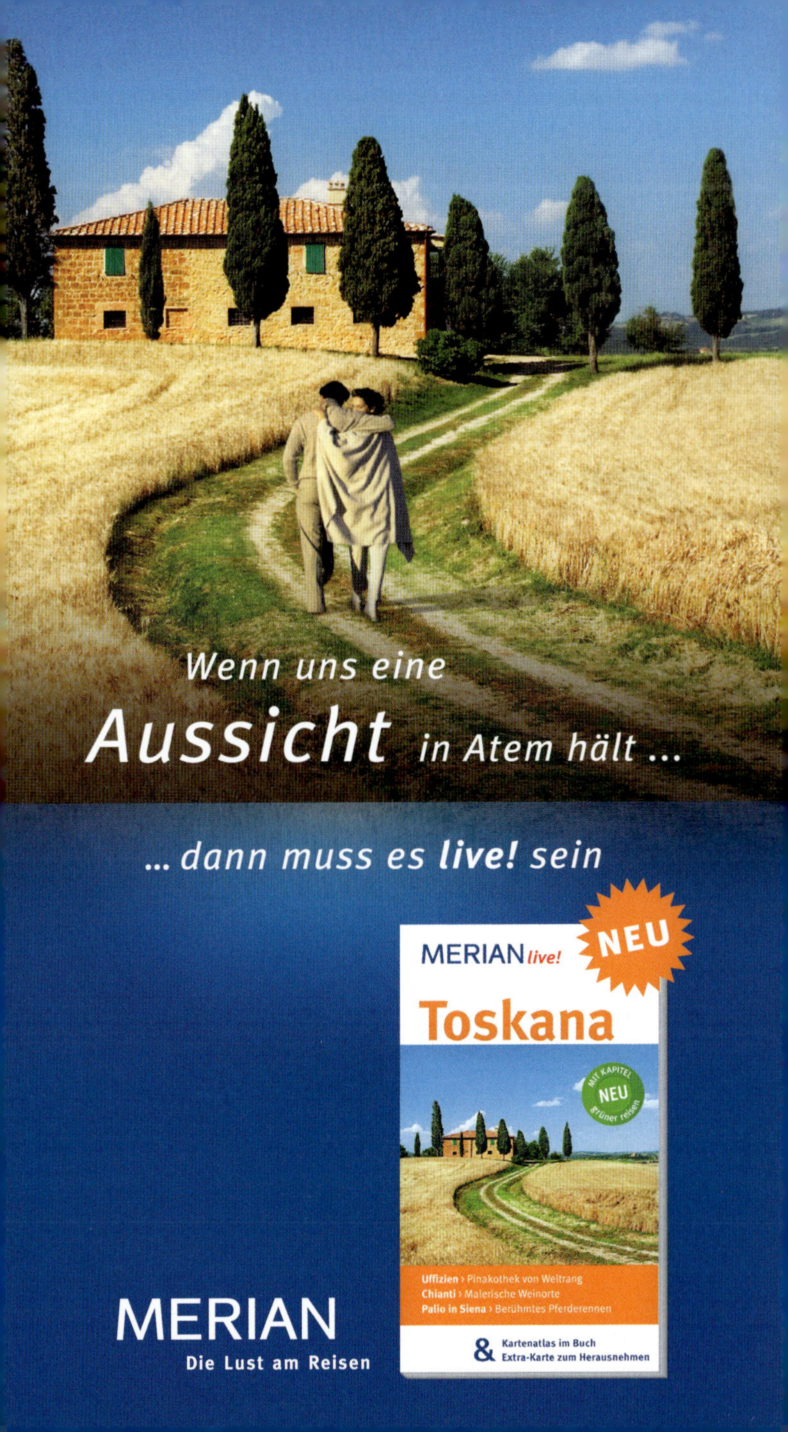

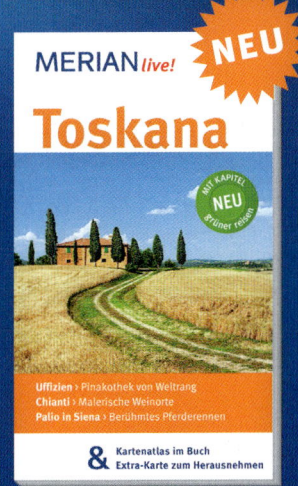

Der Ponte Vecchio (▶ S. 62) in warmes
Abendlicht getaucht. Entlang der Brücke
befinden sich seit Mitte des 14. Jh. lücken-
los aneinandergereiht kleine Lädchen.

Spaziergänge
und Ausflüge

Renaissance-Highlights im Zentrum, kleine Handwerks-
betriebe jenseits des Arno, und im Umland locken die
Hügel des Chianti sowie hübsche Kleinstädte.

Auf den Spuren der Renaissance – Zu den Highlights im Zentrum

CHARAKTERISITIK: Die bekanntesten Sehenswürdigkeiten der Altstadt – Klassiker von Brunelleschi, Michelangelo und Cellini an einem Vormittag **DAUER:** ca. 2 Std. ohne Eintritt in Museen oder Kirchen **LÄNGE:** 5 km **EINKEHRTIPP:** Dei

 Frescobaldi, Via dei Magazzini 2–4 r, Tel. 28 47 24, www.deifresco baldi.it €€ (▶ S. 20)

KARTE ▶ S. 116, A 8

Ein kleine Warnung vorweg: Sie werden nicht allein sein. Zu keiner Jahreszeit. Entlang dieser Strecke drängen sich viele Touristen. Sie werden Geduld brauchen, wenn Sie durch die Straßen der Innenstadt schlendern oder gar auf die Domkuppel wollen. Dafür werden Sie in 2 bis 3 Std. Werke von Michelangelo, Brunelleschi, Cellini und Giotto sehen.

Dom ▶ Piazza della Signoria

Sie starten vor dem **Duomo Santa Maria del Fiore** 2 an der Piazza San Giovanni. Nach der Besichtigung des Bauwerks – vielleicht sogar mit einem Besuch der Kuppel von Brunelleschi sowie des **Campanile** – gehen Sie über die Via dei Calzaiuoli zur **Piazza della Signoria** 1, dem einstigen politischen Zentrum der Stadt. Hier stehen nur wenige Meter voneinander entfernt die bekannten Postkartenmotive wie das Rathaus im **Palazzo Vecchio**, die **Loggia dei Lanzi** sowie eine Nachbildung des **Davide** von Michelangelo – das Original befindet sich allerdings in der **Galleria dell'Academia** 9.

Piazza della Signoria ▶ Palazzo Pitti

Zwischen Palazzo Vecchio und Loggia dei Lanzi biegen Sie ein auf den Piazzale degli Uffizi vor der berühmten Kunstgalerie der **Uffizien** 8. Wer die Werke von **Botticelli**, **Leonardo da Vinci** und **Raffael** im

Original sehen will: In der Nebensaison können Sie Glück haben und vielleicht spontan ein Ticket bekommen. Ansonsten sollten Sie vorab reservieren, sonst müssen Sie lange in der Schlange stehen.

Sie laufen über den Piazzale zum Fluss Arno und haben einen schönen Blick auf den **Ponte Vecchio** 5, den Sie überqueren. Hinter der Brücke mit ihren vielen Goldschmiedegeschäften erreichen Sie geradeaus die Via de' Guicciardini zum **Palazzo Pitti** 10. Für die Besichtigung des Palazzo mit seinen Museen und den sehr hübschen und relativ ruhigen Park **Giardino di Boboli** 3 müssen Sie Tickets erwerben.

Palazzo Pitti ▶ Basilika San Lorenzo

Sie kehren nun wieder zurück über den Ponte Vecchio und gehen weiter geradeaus in die Via Por Santa Maria bis zur **Piazza del Mercato Nuovo**. Unter der Loggia verkaufen Lederhändler ihre Taschen, Geldbörsen und Jacken. Davor steht die Statue eines Wildschweins mit einer ein wenig abgewetzten Schnauze – schließlich soll es Glück bringen, die Nase zu reiben. Hinter der Loggia biegen Sie links in die Via Porta Rossa ein und gelangen vorbei am **Palazzo Davanzati**, dessen Ausstellung einen guten Einblick gibt, wie man in der Renaissance wohnte. Ein Museum, in

Blick in die oktagonale Kuppel des Baptisteriums (▶ S. 51). An der Gestaltung des grandiosen Mosaikzyklus wirkten so berühmte Künstler wie Giotto oder Cimabue mit.

das im Vergleich zu den Uffizien eher wenige Besucher strömen.

Von der Via Porta Rossa spazieren Sie schließlich nach rechts auf die **Via de' Tornabuoni** mit ihren Luxusgeschäften. Nach wenigen Minuten verlassen Sie die Straße rechts durch den Innenhof des **Palazzo Strozzi** und kommen dann linker Hand auf die Via degli Strozzi, die Sie bis zur Piazza della Repubblica führt. Sie überqueren den Platz und gelangen links auf der Via Roma zum

Baptisterium San Giovanni ⭐ mit seinen bekannten Bronzeportalen von **Ghiberti** und **Pisano**.

Sie gehen weiter geradeaus in den Borgo San Lorenzo zur Kirche **San Lorenzo** ⭐ und den Medici-Kapellen auf der Rückseite mit Plastiken von Michelangelo. Von hier führt Sie der Weg über die Via de' Gori vorbei am **Palazzo Medici-Riccardi**, dem Frührenaissancepalast der Familie Medici, über die Via de' Martelli zurück zum Ausgangspunkt am Dom.

Durch das Viertel Santa Croce – Zwischen Kirche, Ledermanufaktur und Markt

CHARAKTERISTIK: Von der Piazza della Signoria im Zentrum bis zum von vielen Einheimischen besuchten Mercato Sant'Ambrogio. Die Tour eignet sich für den Vormittag, nachmittags und sonntags ist der Markt meist geschlossen. **DAUER:** 1–1 ½ Std. **LÄNGE:** ca. 1,5 km **EINKEHRTIPPS:** Trattoria Cibreo, Via de' Macci 122 r, www.edizioniteatrodelsalecibreofirenze.it, Di–Sa €€ • Imbissstand Il Lampredottaio, Via de' Macci/Ecke Via Pietrapiana €

KARTE ▶ S. 120, A 14

Sie verlassen die Piazza della Signoria nördlich des **Palazzo Vecchio** über die Via de' Gondi. Um nicht den von Touristen stark begangenen Borgo de' Greci zur Kirche Santa Croce zu nehmen, biegen Sie in die erste Straße links ein zur Piazza San Firenze.

Badia Fiorentina ▶ Santa Croce

Vor Ihnen ist die **Badia Fiorentina** zu sehen, eine mittelalterliche Abteikirche aus dem 13. und 14. Jh., in welcher der Schriftsteller Dante Alighieri seiner großen Liebe Beatrice begegnet sein soll. Gegenüber befindet sich das Nationalmuseum **Bargello**.

Sie nehmen rechts die Via della Vigna Vecchia und gleich wieder rechts die Via dell'Acqua. Über die Via Filippina und ein kleines Stück auf dem Borgo dei Greci gelangen Sie auf die Piazza samt Kirche **Santa Croce** ⑦. Hinter Kirche und Kloster liegt die **Scuola del Cuoio** (▶ MERIAN-Tipp, S. 32) die Lederschule. In der Manufaktur kann man zusehen, wie Leder in Handarbeit zu Taschen, Jacken, Geldbörsen oder Brillenetuis verarbeitet wird. Man erreicht die Scuola del Cuoio entweder über die Kirche Santa Croce oder über den Hinterhof des Klosters über die Via San Giuseppe. Florenz besitzt eine lange Tradition des Kunsthandwerks. Die meisten Ledermanufakturen und -geschäfte haben sich hier im Viertel Santa Croce niedergelassen.

Santa Croce ▶ Mercato Sant'Ambrogio

Nun gehen Sie nördlich der Kirche in den Borgo Allegri und kommen vorbei an kleinen Architekturbüros und Schreinereien sowie am Giardino di Borgo Allegri, einem öffentlichen Park mit Spielplatz, in dem Sie unter Bäumen kurz ausruhen können.

Sie biegen links in die Via Ghibellina und gleich wieder rechts in die Via M. Buonarroti ein, in welcher die **Casa Buonarroti** steht, ein Museum mit einigen Werken Michelangelos im ehemaligen Palazzo seiner Familie. Am Ende der Straße öffnet sich die **Piazza dei Ciompi** mit ihrem Antiquitäten- und Flohmarkt.

Nach einem Bummel zwischen Barocksesseln, Kommoden und alten Kronleuchtern spazieren Sie rechts auf die Via Pietrapiana zur Piazza Sant'Ambrogio mit schlichter, sehr ruhiger Kirche. Sie gehen nun in die Via de' Macci. Hier steht der **Trippaio Il Lampredotaro** – einer der für Florenz berühmten Kuttelstände.

Über die erste Straße links erreicht man die Piazza Ghiberti, wo der **Mercato Sant'Ambrogio** stattfindet. Die Markthalle stammt aus dem Jahr 1873. Der Bus C2 bringt Sie über die Piazza Beccaria zurück ins Zentrum.

Jenseits des Arno – Besuch im Viertel der Handwerker und kleinen Leute

CHARAKTERISITIK: Das unbekannte Florenz hinter dem Palazzo Pitti; an einem Wochentag geht es durch die Viertel San Frediano und Santo Spirito **DAUER:** 2 Std.

 **LÄNGE:** ca. 2,5 km **EINKEHRTIPP:** Santagostino 23, Via Sant' Agostino 23 r, Tel. 21 02 08, www.santagostinofirenze.com € (▸ S. 26) **KARTE** ▸ S. 119, F 10

Oltrarno – das Viertel jenseits des Arno – war stets die Gegend der kleinen Leute. Auch heute noch prägt die florentinische Handwerkstradition Santo Spirito und San Frediano.

Santo Spirito

Der Rundgang beginnt am **Ponte Vecchio** 5. Von der lauten Via de' Guicciardini biegen Sie gleich rechts in die Via Barbadori ein. Auf der linken Seite an Hausnummer 23–25 r sehen Sie nach ein paar Metern die Werkstatt des Schuhmachers **Mannina**: Fußmodelle aus Holz hängen über der Tür, Rollen mit feinem Leder liegen auf einem Tisch.

Es geht links in die Via dei Ramaglianti und wieder links über die Via dello Sprone zur Piazza de' Pitti. In den Museen des **Palazzo Pitti** 10 sind Produkte der Handwerkskunst ausgestellt, die im Viertel praktiziert wird. So wie die Tische mit Mosaiktechnik, die auch im Laden gegenüber des Palazzo gefertigt werden. Bei **Pitti Mosaici** an der Piazza de' Pitti 23–24 r werden Steine geschnitten und zu Schalen, Bildern, Lampen oder Uhren verarbeitet – ein Handwerk, das nur noch wenige beherrschen.

Über die Via de' Pitti und die Via Toscanella gelangen Sie auf die winzige Piazza della Passera. Sie kommen an vielen Werkstätten vorbei: Vergolder, Goldschmiede, Lampenmacher, Restauratoren. Über die winzige Gasse

Via de' Veluttini laufen Sie links auf die **Via Maggio** mit ihren Antiquitätengeschäften voller Kronleuchter, Spiegel mit Goldrahmen und alter Sessel. Dazwischen befinden sich einige größere Paläste wie der **Palazzo Ridolfi** aus dem 15. Jh. Sie biegen rechts in die Via dei Michelozzi ein zur **Piazza Santo Spirito** samt kleinem Markt und Renaissance-kirche mit Werken von Donatello und Ghirlandaio. In den unteren Räumen hat Michelangelo heimlich Leichen seziert, um die Anatomie des Menschen zu erforschen.

Nach San Frediano

Über die Via Sant'Ambrogio und die Via Santa Monaca gelangen Sie zur Piazza del Carmine im Viertel San Frediano. In der Brancacci-Kapelle der Kirche **Santa Maria del Carmine** sind Fresken von Masaccio und Filippino Lippi zu entdecken.

Über die Via dell'Orto erreichen Sie die Piazza de' Nerli. Sie überqueren den Platz und gehen gegenüber in die Via Sant'Onofrio, weiter über die Piazza del Tiratoio, die Via del Piaggione auf die Piazza di Cestello. Dort hat man einen schönen Blick auf die andere Flussseite. Über die Via di Cestello geht es auf den **Borgo San Frediano** mit vielen Kleiderlädchen und Cafés. Von nun an spazieren Sie immer geradeaus über die Via Santo Spirito zurück zum Ponte Vecchio.

Das grüne und romantische Florenz – Mit dem Bus Nr. 12 zu Villen und Olivenhainen

CHARAKTERISTIK: Per Bus und bei einer kurzen Wanderung sehen Sie edle Anwesen, erste Olivenhaine und genießen zum Schluss einen herrlichen Blick über die Stadt – und das nur ein paar Minuten vom Zentrum entfernt. Am schönsten ist es am  Spätnachmittag. **DAUER:** 1 ½–2 Std. **LÄNGE:** ca. 4 km **EINKEHR-TIPP:** Spiaggia sull'Arno, Lungarno Serristori (▶ MERIAN-Tipp, S. 36) **KARTE:** ▶ S. 89

Jenseits des Arno schweift der Blick über Landvillen, Pinien und Olivenhaine.

Hier betritt man eine andere Welt und ist doch nur ein paar Schritte vom Zentrum entfernt: Auf den Hügeln südlich des Palazzo Pitti erstrecken sich die ersten Olivenhaine, in welchen man das Vogelgezwitscher hören kann. Villen stehen in großen Gärten voller Zypressen, Pinien und Magnolien. Und immer wieder blickt man auf die Stadt am Arno.
Diesen Spaziergang kann man sowohl zu Fuß als auch komplett mit dem Bus unternehmen. Empfeh-

lenswert ist es, vom Bahnhof den Bus Nr. 12 bis zur Porta Romana im Viertel Santo Spirito zu nehmen. Von hier wandern Sie am besten zu Fuß. Wenn es irgendwann zu anstrengend wird, können Sie jederzeit in den Bus Nr. 12 steigen, der die gleiche Strecke bis zum Piazzale Michelangelo fährt.

Porta Romana ▶ Piazzale Galilei

Die **Porta Romana** ist das südliche Stadttor, das 1326 errichtet wurde. Dort endete damals Florenz. Von hier führten die Straßen nach Rom und Siena. Heute befinden sich hinter dem Stadttor teure Villen, einige Hotels sowie das Konsulat von Malta. Sie wandern nun recht gemütlich den sanft ansteigenden Hügel unter einer Allee an der **Viale Niccolò Macchiavelli** hoch. Immer wieder sind durch hohe Tore Gärten mit Palmen, blühendem Oleander und Gemüsebeeten zu sehen. Die Villen sind mit Türmchen und Dachterrassen versehen. Jogger winden sich auf dem Gehsteig die Anhöhe hinauf, ein Brunnen plätschert vor einem Park. In einer halben Stunde erreichen Sie den **Piazzale Galilei**.

Piazzale Galilei ▶ Piazzale Michelangelo

Jetzt geht es nur noch flach weiter, vorbei an Olivenbäumen und ungeteerten, landwirtschaftlichen Wegen – und das obwohl die Straße gerade mal 2 km vom Zentrum entfernt ist. Immer wieder sehen Sie das Forte di Belvedere, die Domkuppel und den Arno. Man hört Kinder spielen und die Glocken der Kirchen in der Ferne. Rechts tauchen die Stufen zur romanischen Basilika **San Miniato al Monte** auf, die Sie bei einem kurzen Abstecher besichtigen können. Anschließend führt die Viale Galileo zum **Piazzale Michelangelo**. Nach dem fast ländlichen Charakter überqueren Sie den riesigen Platz, den viele Touristen besuchen, um den Blick auf die Stadt auf einem Foto

festzuhalten. Souvenir- und Imbissstände stehen neben geparkten Autos. Musiker spielen auf der Gitarre, und Liebespärchen treffen sich vor dem Postkartenpanorama.

Piazzale Michelangelo ▶ Spiaggia sul'Arno

Sie wandern weiter die **Viale Giuseppe Poggi** in knapp 10 Min. durch einen kleinen Park hinab zum Arno. Vom Lungarno Serristori können Sie den Bus Nr. 23 oder D zurück zum Bahnhof nehmen – oder die Füße am Stadtstrand ein paar Meter stadtauswärts in den Sand stecken.

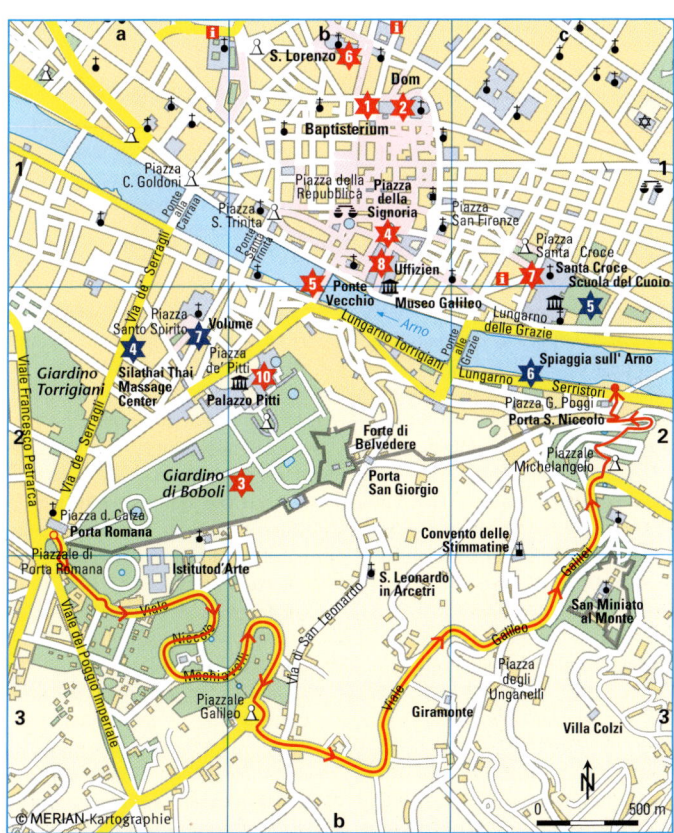

AUSFLÜGE IN DIE UMGEBUNG

Über die Hügel des Chianti

CHARAKTERISTIK: Autotour durch Weinberge, Olivenhaine und in mittelalterliche Städtchen **DAUER:** Tagesausflug (ca. 6–7 Std.) **EINKEHRTIPP:** Taverna del Guerrino, Via Montefioralle Centro 39, Montefioralle, www.tavernadelguerrino.191. it, Mi–So € • Osteria L'Albergaccio del Macchiavelli, Via Scopeti 64, Castellina in Chianti, Tel. 0 55 82 84 71 € **AUSKUNFT:** Ufficio Turistico, Piazza Matteotti 11, Greve in Chianti, Tel. 05 58 54 62 99, www.firenzeturismo.it
KARTE ▶ S. 91

Auf der **SS 222**, der Chiantigiana, geht es ins Chianti. Im Gebiet zwischen Florenz und Siena wird der Rotwein angebaut, der sich Chianti Classico nennen darf und das Siegel des Gallo Nero, des Schwarzen Hahns, trägt. Sie starten in Florenz südlich des Arno und orientieren sich an den Schildern Richtung SS 222/Siena. Von dort geht es auf die Hügel, vorbei an Zypressen, Burgen, Bauernhäusern und alten Weingütern mit Türmen.

Erster Halt ist **Greve**. Sie parken am besten auf dem Zentrumsparkplatz hinter dem Supermarkt. Im Ortskern liegt die dreieckige Piazza Matteotti mit einer Loggia, die den Platz umgibt. Dort befindet sich die Antica Macelleria Falorni, in der es nach luftgetrocknetem Schinken riecht. An der Theke bekommen Sie Steaks vom Edelschweinefleisch der Cinta Senese oder Wildschweinsalami. Sehr bekannt ist die Weinhandlung Enoteca del Chianti Classico Gallo Nero ein paar Meter weiter.

Sie verlassen nun die SS 222 und biegen in eine kleine Nebenstraße ins unbekanntere Chianti ein: zunächst die Chiantigiana ein Stück im Ort zurück, um hinter der Tankstelle links und gleich wieder rechts Richtung **Montefioralle** abzubiegen, das rund 2 km entfernt ist. Sie parken das Auto dort an der Stadtmauer. Dahinter verbirgt sich ein ruhiger, kleiner Ort mit winzigen Gassen. Von Montefioralle hat man einen herrlichen Blick auf die umliegende Landschaft.

Nun geht es die Straße weiter über einsame Höfe, Olivenhaine, Weinberge. Dann an der ersten Kreuzung links auf die SS 118 Richtung **Panzano** – einem Ort mit Burg auf einem Hügel. In Panzano liegt das Zentrum des Kunsthandwerks im Chianti. Jeden ersten Sonntag im Monat findet eine Kunsthandwerksmesse statt.

Von dort fahren Sie rund eine Stunde mit dem Auto über die SS 222 über Castellina in Chianti und Tavernelle Val die Pesa nach Montespertoli. Wer Lust auf einen Zwischenstopp hat, besucht **Castellina in Chianti**. Originell ist dort die Via delle Volte, eine tunnelartige Straße in der Altstadt.

Montespertoli ist eine angenehme Kleinstadt, die wohl schon zu Zeiten der Etrusker existierte. Sie ist nicht so überlaufen wie andere Orte des Chianti, und so bietet sich ein entspannter Bummel durch die Gassen an.

Nun fahren Sie weiter die **SS 4** nach Montegufoni. Gleich hinter dem Ortseingang von Montagnana führt eine Straße links zur **Tenuta di Castiglioni** der Marchesi de' Frescobaldi. Hier liegt der heutige Stammsitz, an dem die Familie seit dem Jahr 1300 Wein produziert. Rundherum reifen Sangiovese-, Merlot- und Cabernet-Sauvignon-Trauben. Schon bei der Fahrt dorthin riecht es nach Wein, der in Barriquefässern ruht. Im Laden sind Flaschen im Direktverkauf zu erstehen. Zwischen Mai und September können Besucher nach Anmeldung an Weinproben teilnehmen, Weinberge besuchen und die gelagerten Fässer ansehen.

Über Cerbaia geht der Ausflug weiter nach **San Casciano in Val di Pesa**: Im Ortsteil **Sant'Andrea** in **Percussina** Richtung Florenz schrieb der Philosoph und Politiker Niccolò Macchiavelli um das Jahr 1513 sein berühmtes Werk »Der Fürst«. Er fand damals Zuflucht im Familiengut Albergaccio – bekannt heute als Casa Macchiavelli. Mittlerweile ist das Anwesen restauriert worden, aber leider nicht zugänglich. In der Osteria gegenüber, die bereits Macchiavelli beschrieben

hat, können Sie zum Abschluss des Ausflugs ihren Hunger stillen.

INFORMATIONEN

Antica Macelleria Falorni

Greve in Chianti • Piazza Giacomo Matteotti 71 • www.falorni.it • Mo–Sa 8–13, 15.30–19.30, So 10–13, 15.30–19 Uhr

Enoteca del Chianti Classico Gallo Nero

Greve in Chianti • Piazzetta S. Croce 8 • www.chianticlassico.it • April–Okt. tgl. 9.30–19.30, Nov.–Feb. Do–Di 9.30–13, 15–19.30 Uhr

Tenuta di Castiglioni der Marchesi de' Frescobaldi

Montespertoli • Via Montegufoni 39 • www.frescobaldi.it • Direktverkauf Mo–Sa 8.30–13, 14–18.30 Uhr, Weinproben mit Führung nach Anmeldung Mai–Sept. tgl. 11, 15 Uhr • 35 €/Person

© MERIAN-Kartographie

Antike Stätten in Fiesole

CHARAKTERISTIK: Florenz' kleine Nachbarstadt mit Kloster, tollen Ausblicken und römischen Ausgrabungen **ANFAHRT:** Bus Nr. 7 ab Piazza S. Marco, Haltestelle La Pira **DAUER:** Halbtagesausflug (ca. 3 Std.) **EINKEHRTIPP:** Bar Pasticceria Alfredo, Via Gramsci 29, Di–Sa 7–20, So 7–13 Uhr € **AUSKUNFT:** Ufficio informazioni ed accoglienza turistica, Via Portigiani 3/5, Tel. 05 55 96 13 23, www.comune.fiesole.fi.it **KARTE ▶ S. 93**

Mit dem Bus geht es ins rund 8 km entfernte Fiesole. Die Stadt war von den Etruskern besiedelt, bevor die Römer das Arnotal eroberten und Fiesole besetzten. Im Zweiten Punischen Krieg lagerte Hannibal 217 v. Chr. eine Zeitlang bei Faesulae, wie die Stadt damals hieß. 1125 eroberten die Florentiner Fiesole und verwüsteten die Stadt, nur der Dom und der Bischofspalast blieben heil. Heute ist die Kleinstadt mit rund 14 000 Einwohnern, die sich gern als »Mutter von Florenz« bezeichnet, bei Florenz-Touristen sehr beliebt. Entspannend ist die Tour von Florenz mit dem Bus in die Nachbarstadt, so spart man sich auch die anstrengende Autofahrt durch Florenz. Auf halber Strecke steigen Sie am besten im Ort **San Domenico** aus (Haltestelle: S. Domenico 01). Dort steht die hübsche Klosterkirche aus dem 15. Jh. Gegenüber der Kirche gelangen Sie über die winzige Via Roccettini nach wenigen Metern zur **Badia Fiesolana**: Die romanische Kirche dort war bis 1026 der Dom von Fiesole. Von dem Platz vor der Fassade aus weißem und grünem Marmor aus dem 12. Jh. hat man einen guten Blick auf Olivenhaine und Florenz im Hintergrund. Nebenan, im ehemaligen Kloster, ist heute die Europa-Universität untergebracht. Anschließend geht es mit dem nächsten Bus weiter nach Fiesole. Auf der Piazza Mino hält der Bus. Hier erhebt sich der **Dom San Romolo**, der ebenfalls sehr alt ist: Er wurde 1028 bis 1056 errichtet. Im Vergleich zum Dom von Florenz wirkt er schlicht und ruhig. Auf dem Platz ist zudem der prunkvolle **Palazzo Vescovile** sehenswert, der erzbischöfliche Palast. Daneben führt eine steile Gasse zum **Kloster San Francesco** hinauf. Mit 345 m liegt hier der höchste Punkt der Stadt. Er war schon zu Zeiten der Etrusker und Römer besiedelt. Die kleine Kirche und vor allem der stille, karge Klosterhof verbreiten eine große Ruhe. Manchmal sieht man Mönche in Kutten am Brunnen vorbeilaufen. Eine Wendeltreppe führt in die ehemaligen Zellen mit schlichten Betten und Tischen hinauf, in welchen unter anderem der hl. Bernhard von Siena ganz bescheiden lebte. Nun geht es zurück in die Stadt: Gegenüber dem Kloster öffnet sich ein kleines Tor in einen Park den Hügel hinunter. Vorbei an der Apsis des Doms gelangen Sie zur **Area Archeologica**, die Sie bereits vom Park aus sehen konnten. Dort sind etruskische Tempelanlagen aus dem 4. Jh. v. Chr., römische Thermen und das Amphitheater aus dem 1. Jh. n. Chr. zu entdecken, in dem einstmals bis zu 3000 Personen Platz fanden. Heute werden hier Konzerte und Theateraufführungen des Festivals Estate Fiesolana veranstaltet. Zum ungefähr 30 000 qm großen Gelände gehört ein Museum mit Funden aus etruskischer und römischer Zeit.

Direkt neben den Ausgrabungen befindet sich das **Museo Bandini**, das Werke Florentiner Künstler des 13.–15. Jh. zeigt. Ebenfalls spannend ist die Sammlung des italienischen Futuristen Conti in der **Fondazione Primo Conti** – rund 10 Min. die Via Giovanni Dupré abwärts.

Zum Schluss geht es mit dem Bus Nr. 7 zurück nach Florenz. Während der Fahrt haben Sie an guten Tagen einen Blick bis zu den Chianti-Hügeln, die Domkuppel und den Fluss.

INFORMATIONEN

Area Archeologica

Via Portigiani 1 • www.museidifiesole. it • Nov.–Feb. tgl. 10–14, März, Okt.

10–18, April–Sept. 10–19 Uhr • Eintritt inkl. Ticket für Museo Bandini Mo–Do 8 €, Familien 16 €, Fr–So 10 €, Familien 20 €

Badia Fiesolana

San Domenico di Fiesole • Via Roccettini 9 • Bus 7: San Domenico 01 • So 11–13 Uhr

Fondazione e Museo Primo Conti

Via Giovanni Dupré 18 • www.fondazioneprimoconti.org • Mo–Fr 9–14 Uhr • Eintritt 3 €

Museo Bandini

Via Duprè 1 • www.museidifiesole.it • Nov.–Feb. Mi–Mo 10–17, März, Okt. tgl. 10–18, April–Sept. tgl. 10–19 • Eintritt 5 €, Kinder 3 €

© MERIAN-Kartographie

Prato und die Medici-Villen

CHARAKTERISTIK: Über Renaissancevillen in das mittelalterliche Zentrum der drittgrößten Stadt der Toskana **ANFAHRT:** Entweder mit dem Auto, ohne Medici-Villen mit Zug oder Bus nach Prato **DAUER:** Tagesausflug; ohne Medici-Villen Halbtagesausflug **EINKEHRTIPP:** Tonio, Piazza Mercatale 161, Prato, Tel. 0 57 42 12 66, www.ristorantetonio.it, Mo–Sa €€ **AUSKUNFT:** Ufficio Informazioni Turistiche, Piazza Duomo 8, Prato, Tel. 0 57 42 41 12, www.pratoturismo.it
KARTE ▶ S. 95

Die Rundtour beginnt in **Castello** am Stadtrand von Florenz: Hier tauchen die ersten Olivenhaine auf, Vögel zwitschern auf hohen Mauern. Am Fuße der Hügel zwischen Florenz und Prato zogen sich die Medici zurück, wenn es in Florenz im Sommer zu heiß wurde. Die Lage war perfekt für die Sommerfrische: kühler und mitten in der Natur, aber doch nah genug, um für dringende Geschäfte schnell in die Stadt zu fahren.

Gut erhalten ist die **Villa La Petraia**. Ferdinando de' Medici ließ das Anwesen im 16. Jh. von Bernardo Buontalenti umbauen. Als Florenz für kurze Zeit Hauptstadt Italiens war, residierte darin König Vittorio Emanuele II. Sehr hübsch ist der Renaissancegarten mit Brunnen, einem Bachlauf und einer Grotte.

Nur ein paar Minuten mit dem Auto die Straße weiter gelangen Sie zur **Villa Medicea di Castello**. Darin verbrachte Cosimo I. viele Jahre seines Lebens. Im Gebäude ist heute die Accademia della Crusca per la Lingua Italiana untergebracht, die sich um die Verbreitung und den Schutz der italienischen Sprache kümmert. Die Villa steht nicht für Besichtigungen offen, doch im rund 5 ha großen Garten dürfen Sie in kleinen Wäldern, vorbei an Buchshecken und Wasserspielen, spazieren gehen und die Kühle der Alleen genießen.

Eine gute halbe Stunde dauert die Fahrt bis **Prato**. Das Auto lassen Sie am besten an der Piazza Mercatale stehen. Prato ist die drittgrößte Stadt der Toskana nach Florenz und Livorno. Sie war bereits im Mittelalter für ihre Wolle berühmt. Nach wie vor liegt der Schwerpunkt auf der Stoffherstellung, deren Geschichte im **Museo del Tessuto** zu erfahren ist.

Die Altstadt befindet sich innerhalb der sechseckigen Mauern, die noch aus dem Mittelalter stammen. Dennoch sind hier relativ wenig Touristen unterwegs. Ruhig, entspannt und klein wirkt Prato im Vergleich zu Florenz. Sehenswert ist der **Palazzo Pretorio** an der Piazza del Comune. Er ist eine schräge Ansammlung von unterschiedlichen Fenstern, Zinnen und einer Freitreppe. Seine Ursprünge gehen auf das 13. und 14. Jh. zurück. Ein Stück weiter steht der **Dom Santo Stefano** mit weiß-grüner Marmorfassade aus dem 15. Jh. Seine Außenkanzel stammt von Michelozzo. Im Inneren sind Freskenzyklen von Filippo Lippi in der Hauptchorkapelle aus dem 15. Jh. zu sehen.

Nur 5 Min. zu Fuß entfernt steht das **Castello dell'Imperatore**. Die Kaiserburg gilt als eines der wenigen Beispiele stauffischer Architektur in Mittelitalien. Kaiser Friedrich II. ließ es im 13. Jh. als Stützpunkt auf seinem Weg nach Süditalien errichten.

Berühmt ist Prato auch für seine Cantuccini. Die Kekse mit Mandeln taucht man in Dessertwein. In der Via Ricasoli zieht der Duft der Cantuccini aus der Bäckerei **Antonio Mattei** bis auf die Straße. Vom Laden aus blickt man hinten in die Backstube. Nach dem Bummel durch Prato können Sie entweder über die Autobahn direkt nach Florenz zurückfahren oder einen Abstecher rund 8 km südlich von Prato zur Medici-Villa **Póggio a Caiano** machen. Der Prunksaal der ehemaligen Medici-Villa ist mit Fresken von Pontormo aus dem 16. Jh. verziert. Das Gebäude war Vorbild für viele Renaissancevillen.

INFORMATIONEN

Biscottificio Antonio Mattei

Prato, Via Ricasoli 20–22 • www. antoniomattei.it • Di–Fr 8–19.30, Sa 8–13, 15.30–19.30, So 8–13 Uhr

Garten der Villa Medicea di Castello

Castello (Firenze), Via di Castello 44 • www.polomuseale.firenze.it • Nov.– Feb. 8.15–16.30, März 8.15– 17.30, April, Mai, Sept., Okt. 8.15– 18.30, Juni–Aug. 8.15–19.30 Uhr • Eintritt frei

Museo del Tessuto

Prato, Via Santa Chiara 24 • Tel. 05 74 61 15 03 • www.museodeltessuto.it • Mo, Mi, Do, Fr 10–15, Sa 10–19, So 15–19 Uhr • Eintritt 4 €, Kinder 5–18 Jahre 3 €, Kinder unter 5 Jahren frei

Villa Medicea della Petraia

Castello (Firenze), Via della Petraia 40 • Tel. 0 55 45 26 91 • www.polomuseale. firenze.it • Nov.–Feb. 8.15–16.30, März 8.15–17.30, April, Mai, Sept., Okt. 8.15–18.30, Juni–Aug. 8.15– 19.30 Uhr • Eintritt frei

Villa Medicea Poggio a Caiano

Poggio a Caiano, Piazza De' Medici 14 • Tel. 0 55 87 70 12 • www.comune. poggio-a-caiano.po.it • Dez.–Feb. 8.15–16.30, März 8.15–17.30, April, Mai, Sept., Okt. 8.15–18.30, Juni– Aug. 8.15–19.30 Uhr • Eintritt frei

Ideal, um sich mit Blumen oder Köstlich-
keiten für zu Hause einzudecken: Der
Mercato Centrale (▶ S. 32) öffnet Montag
bis Samstag seine Pforten.

Wissenswertes
über Florenz

Nützliche Informationen für einen gelungenen
Aufenthalt: Fakten über Land, Leute und Geschichte
sowie Reisepraktisches von A bis Z.

Auf einen Blick

Mehr erfahren über Florenz – Informationen über Land und Leute, von Bevölkerung über Politik und Sprache bis Wirtschaft.

AMTSSPRACHE: Italienisch
BEVÖLKERUNG: 85 % Italiener, 15 % Ausländer
EINWOHNER: 373 585
FLÄCHE: 102 qkm
INTERNET: www.comune.firenze.it
RELIGION: Römisch-katholisch
VERWALTUNG: 5 Stadtbezirke (»quartieri«), unterteilt in Stadtteile (»frazioni«)
WÄHRUNG: Euro

Bevölkerung

Die Hauptstadt der Region Toskana ist die achtgrößte Stadt Italiens. Mit dem Großraum Florenz nahezu zusammengewachsen sind inzwischen die Städte Prato und Pistoia. Dadurch leben im Einzugsgebiet von Florenz mehr als 1,5 Mio. Menschen. Rund zwei Drittel der Bewohner stammen tatsächlich aus Florenz bzw. der Toskana. Daneben wohnen 54 129 Ausländer in der Stadt, darunter viele Engländer, die sich schon im 19. Jh. gern hier niederließen, wie etwa die Schriftsteller Elisabeth Barrett und Robert Browning. Die meisten Einwanderer kommen heute dagegen aus Rumänien, Albanien, Peru, den Philippinen und China.

Lage und Geografie

Florenz liegt 50 m über dem Meeresspiegel in einem Tal am Arno, der in den Apenninen entspringt und über Arezzo, Florenz und Pisa ins Mit-

◄ In der Werkstatt Pitti Mosaici (► S. 87) entstehen feine Mosaikarbeiten.

telmeer fließt. Entlang des Flusses erstreckt sich eine dicht besiedelte Ebene, die stark von der Industrie geprägt ist. Im Norden umgeben die Ausläufer des toskanisch-emilianischen Apennins die Stadt, im Süden erheben sich die Hügel des Chianti Richtung Siena. Dort dominiert die Landwirtschaft: Es werden u. a. Oliven, Wein und Brot produziert.

Politik und Verwaltung

Traditionell ist die Toskana eine Bastion der Linken: So gehörten die Bürgermeister fast immer der Sozialistischen oder Kommunistischen Partei an. Seit 2009 steht Matteo Renzi, Jahrgang 1975 und Mitglied des Mitte-Links-Bündnisses, an der Spitze des Palazzo Vecchio. Das Stadtwappen ziert seit dem 11. Jh. die Lilie, seit 1251 in Rot auf weißem Grund.

Heute bildet die Altstadt verwaltungstechnisch das »quartiere 1«, zu dem die historischen Stadtviertel San Giovanni, Santa Croce, Santa Maria Novella rund um den Dom sowie Santo Spirito jenseits des Arno gehören. Eine Besonderheit sind die Hausnummern: Privathäuser und Hotels haben blaue oder schwarze Ziffern; rote Markierungen – mit der Abkürzung »r« hinter der Zahl – kennzeichnen Geschäfte, Restaurants und Firmen. Die Nummerierungen verlaufen unabhängig voneinander – so kann 20 r erst zwei Häuserzeilen später kommen als die schwarze 20.

Sprache und Religion

Die Florentiner sagen gern von sich, dass sie als Einzige in Italien Hochitalienisch sprechen würden. Tatsächlich entstand das heutige Italienisch als Literatursprache durch Dichter wie Dante, Petrarca und Boccaccio, welche Toskanisch schrieben. Dennoch hat auch Florenz seinen eigenen Dialekt – wie fast alle Regionen und Städte Italiens: Hier wird das »c« z. B. oft wie ein »ch« aus gesprochen – weshalb Florentiner oft »chochachola« sagen, statt »coca-cola«.

Italien – und damit auch Florenz – ist ein fast ausschließlich katholisch geprägtes Land. Protestantische, jüdische und islamische Gläubige spielen eine sehr untergeordnete Rolle.

Wirtschaft

War Florenz in der Renaissance eine der führenden Banken- und Handelsmetropolen Europas, lebt die Stadt heute stark vom Tourismus: Im Sommer gibt es teilweise mehr Touristen als Florentiner. Rund 10 Mio. Übernachtungen pro Jahr verzeichnet die Stadt. Knapp ein Drittel der Besucher sind Italiener, dazu kommen ca. 20 % Amerikaner und 13 % Deutsche, gefolgt von Japanern, Engländern, Franzosen und Spaniern.

Einen nicht unerheblichen Anteil an der Wirtschaft hat die Industrie. Meist sind es vor allem kleinere und mittelständische Unternehmen. Eine wichtige Rolle spielen die Modehäuser Gucci, Prada, Pucci und Roberto Cavalli. Dazu kommen Pharma- und Biotechnologie-Unternehmen. Weitere bekannte Konzerne sind etwa Neutro Roberts (Kosmetik), Mukki und Acqua Panna (Lebensmittel).

Wie in der Renaissance spielt das Kunsthandwerk eine wichtige Rolle: Die Palette reicht von Ledermanufakturen, Silberschmieden, Kunstdruckereien über Goldschmiede bis hin zur Keramikproduktion.

Geschichte

59 v. Chr.

An der Kreuzung mehrerer Straßen am Arno entsteht eine römische Veteranensiedlung: Florentia.

4.–6. Jh.

In der Völkerwanderungszeit wird die Stadt häufig geplündert und schließlich von den Ostgoten, später von den Langobarden beherrscht.

9. Jh.

Wirtschaftlicher Aufschwung unter den Karolingern. Die Bevölkerung steigt auf 15 000 Einwohner an. Kaiser Lothar I. vereinigt die Grafschaften Florenz und Fiesole.

11. Jh.

Markgräfin Matilda gewährt dem Volk unter ihrer Herrschaft mehr Einfluss. Nach ihrem Tod 1115 wird Florenz eine Republik.

um 1200

Die Zünfte entstehen und entwickeln sich schnell zu einer wichtigen politischen Macht. Es bilden sich zwei Parteien: die papsttreuen Guelfen und die kaisertreuen Ghibellinen.

1250

Verfassung mit demokratischen Zügen. Sitz des Stadtrats wird bald der 1255 gebaute Palast Il Bargello.

1252

Eigene Münzprägung: Der Goldflorin ist in ganz Europa anerkannt.

1280

Der Rat der Hundert bestimmt die Finanzverwaltung. Zeitweise gehört dem Gremium der Schriftsteller Dante Alighieri an. In der Stadt wird gegen Ende des 13. Jh. am Dom und der Kirche Santa Croce gebaut.

14. Jh.

In Florenz herrschen die Zünfte. Jedoch gibt es weiter Streit zwischen Guelfen und Ghibellinen. 100 000 Menschen leben in der Stadt, in Rom gerade mal 30 000. Die Loggia dei Lanzi, die Kirche Orsanmichele und der Campanile entstehen.

1348

In der großen Pestepidemie stirbt rund die Hälfte der Bevölkerung. Der Adel zieht sich dabei auf seine Landhäuser zurück, was Giovanni Boccaccio in seinem Werk »Decamerane« eindringlich beschreibt.

1378

Arbeiter- und Volksaufstand der Ciompi, der Wollweber, gegen die alteingesessenen Familien, welche die Stadt in einer Oligarchie führen. Nach dessen Niederschlagung beherrschen wenige Dynastien Florenz, an deren Spitze stehen die Albizzi.

1413

Die Medici werden die Bankiers des Papstes und wecken Hoffnungen im Volk, die Albizzi abzulösen.

1434

Cosimo de' Medici regiert die nächsten 30 Jahre. Formell ist Florenz eine Republik, aber Cosimo dominiert sie und schafft die Grundlage für die jahrhundertelange Herrschaft der Familie. Er fördert als Mäzen viele Künstler wie Brunelleschi, Filippo Lippi, Michelozzo und Donatello.

1469–1492

Lorenzo il Magnifico, der Prächtige, ist an der Macht. Unter ihm erlebt Florenz eine wirtschaftliche und kulturelle Blüte. An seinem Hof arbeiten u. a. Botticelli und Michelangelo.

1478

Verschwörung der Pazzi: Lorenzo entkommt nur knapp einem Anschlag.

1494

Piero de' Medici wird aus der Stadt vertrieben. Der Dominikanermönch Girolamo Savonarola errichtet eine demokratische Theokratie, wird 1498 allerdings als Ketzer auf der Piazza della Signoria verbrannt.

1498

Der Philosoph Niccolò Machiavelli wird Kanzleisekretär.

16.–18. Jh.

Die Medici herrschen von 1512 bis 1737 in einer Erbmonarchie über das Großherzogtum Toskana.

1633

Der Wissenschaftler und florentinische Hofmathematiker Galileo Galilei widerruft in Rom seine Lehren, als ihn die Inquisition dazu zwingt.

1737

Nach dem Tod des letzten Medici übernehmen die Habsburg-Lothringer die Macht in der Toskana.

1799–1815

Napoleon erobert Italien.

1815

Das Haus Habsburg-Lothringen erhält nach dem Wiener Kongress die Toskana zurück.

1859

Nach einer Revolution werden die Habsburg-Lothringer entmachtet, die Toskana schließt sich dem savoyischen Königreich an und damit der Einigungsbewegung, durch die bis 1870 der italienische Nationalstaat entsteht. 1861 wird Vittorio Emanuele II. König von Italien.

1865–1870

Florenz ist fünf Jahre lang Hauptstadt Italiens. Der König residiert im Palazzo Pitti. Architekt Giuseppe Poggi modernisiert die Stadt und legt den Piazzale Michelangelo an.

1944

Die deutschen Truppen sprengen bei ihrem Abzug alle Arnobrücken. Nur den Ponte Vecchio verschonen sie.

1946

Italien wird nach einem Volksentscheid Republik.

1966

Die große Flut vernichtet viele Kunstwerke, 34 Menschen sterben. Im Kreuzgang von Santa Croce erreicht das Wasser etwa 6 m Höhe. Marmorplatten an den Wänden der Stadt erinnern noch heute überall daran.

1993

Ein Bombenanschlag zerstört einen Teil der Uffizien und viele Kunstwerke. Die Attentäter konnten bis heute nicht ermittelt werden.

2010

Eröffnung der ersten Trambahnlinie.

2013

Florenz trägt die Weltmeisterschaft der Straßenradrennfahrer aus.

Sprachführer Italienisch

Wichtige Wörter und Ausdrücke

ja – sì [sí]

nein – no [nó]

danke – grazie [grázie]

bitte – per favore [per fawore]

gern geschehen – prego [prégo]

Wie bitte? – prego/come? [prégo/kóme]

Ich verstehe nicht. – non capisco [non kapísko]

Entschuldigung – scusa, scusi [skúsa, skúsi]

Hallo – ciao [tscháo]

Guten Morgen/Guten Tag – buon giorno [buón dschórno]

Guten Abend – buona sera [buóna séra]

Auf Wiedersehen – arrivederci [arriwedértschi]

Ich heiße … – mi chiamo … [mi kiámo]

Ich komme aus … – (io) vengo da … – [(ío) wéngo da]

  – Deutschland. – Germania. [dschermánia]

  – Österreich. – Austria. [aústria]

  – der Schweiz. – Svizzera. [swízzera]

Wie geht's? – Come va? [kóme wá]

Danke, gut. – Bene, grazie. [béne, grázie]

wer, was, welcher – chi, (che) cosa, quale [kí, (ké) kósa, kuále]

wann – quando [kuándo]

wie viel – quanto [kuánto]

wie lange – per quanto tempo [per kuánto témpo]

Sprechen Sie Deutsch/Englisch? – Parla tedesco/inglese? [Párla tedesko/inglése]

heute – oggi [ódschi]

morgen – domani [dománi]

gestern – ieri [iéri]

Zahlen

eins – uno [úno]

zwei – due [dúe]

drei – tre [tré]

vier – quattro [kuáttro]

fünf – cinque [tschínkue]

sechs – sei [séi]

sieben – sette [sétte]

acht – otto [ótto]

neun – nove [nówe]

zehn – dieci [diétschi]

einhundert – cento [tschénto]

Wochentage

Montag – lunedì [lunedí]

Dienstag – martedì [martedí]

Mittwoch – mercoledì [merkoledí]

Donnerstag – giovedì [dschiowedí]

Freitag – venerdì [wenerdí]

Samstag – sabato [sábbato]

Sonntag – domenica [doménika]

Unterwegs

rechts – destra [déstra]

links – sinistra [sinístra]

geradeaus – diritto [dirítto]

Wie weit ist es nach …? – Quanto è distante …? [kuánto é distánte]

Wie kommt man nach …? – Come si arriva a …? [kóme si arríwa a]

Wo ist … – Dove è … [dowe é]

  – die nächste Werkstatt? – l'officina più vicina? [l'offitschína piú vitschína]

  – der Bahnhof? – la stazione? [la stazióne]

  – der Flughafen? – l'aeroporto? [l'aeropórto]

  – die Touristeninformation? – l'informazione turistica? [l'informazióne turística]

  – die nächste Tankstelle? – il distributore di benzina più vicino? [il distributóre di benzína]

Bitte volltanken! – Pieno per favore!
[piéno per fawóre]

bleifrei – senza piombo/benzina
verde [sénza piómbo/benzína
wérde]

Wir hatten einen Unfall. –
Abbiamo avuto un incidente.
[abbiámo awúto ún intschidénte]

Wo finde ich … – Dove trovo …
[dóve tróvo]

– einen Arzt? – un medico?
[un médiko]

– eine Apotheke? – una farmacia?
[una farmatschía]

Eine Fahrkarte nach … bitte! –
Per favore, un biglietto per …!
[per fawóre, un biliétto per]

Übernachten

Ich suche ein Hotel. – Cerco un
albergo. [tschérko un albérgo]

Ich suche ein Zimmer für …
Personen. – Cerco una camera
per … persone. [tschérko una
kámera per … persóne]

Haben Sie noch Zimmer frei … –
C'è ancora una camera libera …
[Tsche ankóra una kámera líbera]

– für eine Nacht? – per una notte?
[per una nótte]

– für zwei Tage? – per due giorni?
[per due dschiórni]

– für eine Woche? – per una
settimana? [per una settimána]

Ich habe ein Zimmer reserviert. –
Ho prenotato una camera.
[o prenotáto una kámera]

Wie viel kostet das Zimmer … –
Quanto costa la camera …
[kuánto kósta la kámera]

– mit Frühstück? – con prima colazione? [kon príma kolazióne]

– mit Halbpension? – con mezza
pensione? [kon mézza pensióne]

Ich nehme das Zimmer. –
Sì, la prendo. [sí, la préndo]

Kann ich mit Kreditkarte zahlen? –
Posso pagare con la carta di
credito? [pósso pagáre kon la
kárta di krédito]

Ich möchte mich beschweren. –
Vorrei reclamare una cosa
[worrei reklamáre uná kósa]

funktioniert nicht – non funziona
[non funzióna]

Essen und Trinken

Die Speisekarte bitte! – Il menu,
per favore! [il menú, per fawóre]

Die Rechnung bitte! – Il conto,
per favore! [Il kónto, per fawóre]

Ich hätte gern … – Vorrei …
[worréi]

Auf Ihr Wohl! – Cincin! [tschin-
tschin]

Wo finde ich die Toiletten (Damen/
Herren)? – Dove trovo il
bagno (donne/uomini)? [dowe
trowo il banjo (dónne/uómini)]

Kellner/-in – cameriere/-a
[kameriére/-a]

Frühstück – prima colazione
[príma kolazióne]

Mittagessen – pranzo [pránzo]

Abendessen – cena [tschéna]

Einkaufen

Wo gibt es …? – Dove c'è …?
[dowe tsche]

Haben Sie …? – Ha …? [À]

Wie viel kostet …? – Quanto
costa …? [kuánto kósta]

Das ist zu teuer. – Costa troppo.
[kósta tróppo]

Das gefällt mir/gefällt mir nicht.
– Questo mi piace/non mi piace.
[quésto mi piátsche/nón mi
piátsche]

Ich nehme es. – Lo prendo.
[lo préndo]

geöffnet/geschlossen – aperto/
chiuso [apérto/kiúso]

Kulinarisches Lexikon

A

acquacotta – »gekochtes Wasser« – Gemüsesuppe mit Brot und Ei

animelle – Kalbsbries

anitra/anatra all'arancia – Ente mit Orangen

arista – Schweinskarree

arrosto – am Spieß gegart

– morto – »toter Braten« – im Topf mit Öl und Knoblauch gebraten

asparagi alla fiorentina – grüner gekochter Spargel mit geriebenem Käse in Butter und Spiegelei

B

baccalà – Stockfisch

baccelli – junge Saubohnen

berlingozzi – Karnevalsgebäck

biadina – Cocktail

biroldo – Blutwurst

bischeri – süße Teigröllchen

biscotti di Prato – Mandelkekse

bistecca alla fiorentina – Steak eines jungen Rindes mit Knochen

bollito misto – verschiedene gekochte Fleischsorten

borlotti – Bohnenkerne

braciola – Kotelett

branzino – Seebarsch

brigidini – hauchdünnes Anisgebäck

bruschetta – Bauernbrot geröstet, mit Knoblauch und Öl

brutti e buoni – »hässlich-gute« Nussmakronen

bue – Ochse

C

cacciucco – Fischsuppe

caciotta – frischer Schafkäse

cannellini – kleine toskanische Bohnen

cantucci/cantuccini – Mandelgebäck

cappelletti – gefüllte Teighütchen

capretto – Zicklein

carciofi – Artischocken

carpaccio – rohe Rindfleisch-scheiben mit Öl, Zitronensaft und Parmesan

cassata –Eistorte

castagnaccio – Kastanienmehlfladen mit Rosmarin

cavallucci – Gebäck mit Nüssen

cavolo – Kohl

cervello – Hirn

chianina – Rinderrasse

chiocciole – Schnecken

cibreo – Hühnerragout (Leber, Nieren, Kämme)

cinghiale – Wildschwein

coniglio – Kaninchen

coda di rospo – Seeteufel

copata – eine Art »torrone« (Nougat) aus Honig, Nüssen, Anis

coratelle – Innereien

crostini – geröstete Brotschnitten (meist mit Hähnchenleberfarce)

F

fagioli all'uccelletto – weiße Bohnen in Tomatensauce mit Salbei

faraona – Perlhuhn

farro – Dinkel

fave – Saubohnen

fegatelli alla toscana – Schweine-leber mit Knoblauch und Lorbeer-blatt, im Schweinenetz gegart

fegatini – Hühnerleber

fettunta – geröstete Brotscheibe mit Öl

finocchiona – Wurst mit Fenchel-samen

francesina – Siedfleischpfanne

frantoiana – Gemüsesuppe

frattaglie – Geflügelinnereien

fritto fiorentino – frittiertes Gemüse (auch Fleisch) nach Florentiner Art

frittura – ausgebackene Speisen

funghi porcini – Steinpilze

G
gambero – Krebs
garmucia – dicke Bohnensuppe
ghirighio – Kastanienkuchen
ginestrata – süße Creme
guancia – Backe

L
lampredotto – Kutteln
laudemio – exzellentes Olivenöl
   aus dem Anbaugebiet des Rufina
lepre – Hase
lombata – Lende, Filet
lumache – Schnecken

M
maiale ubriaco – mit Chianti
   übergossenes Schweinekotelett
marzolino – frischer Schafkäse
meringa – Baiser (Torte)
mostarda toscana – Senffrüchte,
   in Wein und Traubensaft

N
necci – Gebäck aus Kastanienmehl
nepitella – Bergmelisse
nodino di vitello – Kalbskotelett

O
ossi di morto – Gebäck
ossobuco – Kalbshaxenscheibe

P
pancetta – gerollter Bauchspeck
pandiramerino – Rosmarinbrot
pane – Brot
panforte – Pfefferkuchentorte
panna cotta – »gekochte« Sahne
panzanella – Brotsalat
pappa al pomodoro – Tomaten-
   suppe
pesce – Fisch
piccione – Taube
polpetta – Fleischklößchen
polpo – Oktopus
porchetta – Spanferkel

R
ramerino – Rosmarin
ribollita – Bohnen-Brot-Gemüse-
   suppe mit Schwarzkohl
ricciarelli – weiches Mandelgebäck
rognoni – Nieren
rosticini – Fleischspieße vom Grill

S
salame di cinghiale – Wildschweinsalami
salsiccia – Wurst
saraceno – Buchweizen
schiacciata alla fiorentina –
   Karnevalsgebäck mit Safran,
   Olivenöl und Zucker
schiacciata all'uva – flacher Trau-
   benkuchen (meist aus Hefeteig)
scottiglia – Fleischtopf
semifreddo – halb gefroren
soppressata – Schwartenmagen
   (Presssack)
spezzatino – Gulasch (oft vom Kalb)
stracotto alla fiorentina – gespick-
   ter, in Chianti-Wein geschmorter
   Rinderbraten
stufatino – geschmortes Rind-
   fleisch

T
tartufo – Trüffel
tortelli/tortellacci – Teigtaschen
toscanelli – Bohnenkerne
trippa alla fiorentina – Kutteln nach
   Florentiner Art (mit Tomaten)

V
vin santo – Dessertwein

Z
zenzero – Ingwer (aber in der
   Toskana: Pfefferschoten)
zuccotto toscano – halb gefrorener
   Biskuit-Creme-Kuchen
zuppa inglese – Nachtisch aus Bis-
   kuit, Likör, Creme und Früchten

Reisepraktisches von A–Z

ANREISE

MIT DEM AUTO

Es gibt zwei Hauptrouten von Mittel-europa nach Florenz. Entweder fährt man durch Österreich über Inns-bruck, den Brenner, dann weiter über Verona und Bologna. Oder durch die Schweiz, über den San-Bernardino-Pass oder den Gotthardtunnel und anschließend über Chiasso, Mailand, Modena und Bologna.

Sowohl für die Schweiz als auch für Österreich braucht man Autobahn-Vignetten, die man vorab beim ADAC kaufen kann bzw. die vor Ort an Tankstellen erhältlich sind.

In Italien sind Autobahnen kosten-pflichtig. Man zieht in der Regel an der Einfahrt ein Kärtchen und zahlt an der letzten Ausfahrt – in bar, mit Kredit- oder EC-Karte. Die Zahlstel-len-Durchfahrten mit der Aufschrift »Telepass« sind nur für registrierte Benutzer. Schnellstraßen und Super-strade (SS) sind kostenlos.

Anschnallen ist Pflicht, außerdem muss sich eine Warnweste im Auto befinden. Tempoüberschreitungen, Telefonieren während des Fahrens sowie Alkohol am Steuer werden geahndet und kommen teuer zu stehen. Auch tagsüber herrscht au-ßerorts in Italien Lichtpflicht.

MIT DER BAHN

Zum Hauptbahnhof **Santa Maria Novella** fahren die Züge entweder über die Schweiz und Mailand oder über München, Innsbruck, Verona. In Bologna oder Mailand steigen Reisende in der Regel in die neuen und sehr bequemen »frecciaros-sa« oder »frecciargento« genannten Hochgeschwindigkeitszüge um.

MIT DEM FLUGZEUG

Aeroporto Amerigo Vespucci, Florenz ▸ Klappe hinten

Peretola • Via del Termine 1 • Volain-bus: Aeroporto Amerigo Vespucci • Tel. 0 55/3 06 13 00 • www.aeroporto.firenze.it

Aeroporto Galileo Galilei, Pisa

Hier landen auch viele Billigflie-ger. Regelmäßiger Shuttlebus zum Hauptbahnhof Santa Maria Novella in Florenz. Tickets für den Transfer gibt es bei Terravision (www.terra vision.eu) im Ankunftsterminal (ein-fache Fahrt 6 €, Kinder 4 €). Tel. 0 50/84 93 00 • www.pisa-airport.com

Auf www.atmosfair.de und www.myclimate.org kann jeder Reisende durch eine Spende für Klimaschutz-projekte für die CO_2-Emissionen seines Fluges aufkommen.

AUSKUNFT

IN DEUTSCHLAND, ÖSTERREICH UND DER SCHWEIZ

Italienische Zentrale für Touris-mus ENIT

– Barckhausstr. 10, 60325 Frankfurt am Main • Tel. 0 69/23 74 34 • www.enit.de

– Mariahilfer Str. 1 b/Mezzanin, Top XVI, 1060 Wien • Tel. 01/5 05 16 39 • www.enit.at

– Uraniastr. 32, 8001 Zürich • Tel. 043/4 66 40 40 • www.enit.ch

IN FLORENZ

Ufficio Informazioni Turistiche

www.firenzeturismo.it

– S. Giovanni • Via Cavour 1 r •
Bus 14, 23, C1: Pucci ▸ S. 116, A 7

– Aeroporto Amerigo Vespucci •
Peretola • Via del Termine 1 (im An-
kunftsbereich) • Volainbus: Aeroporto
Amerigo Vespucci   ▶ Klappe hinten

Commune

www.comune.fi.it
– S. Maria Novella • Piazza Stazione 4 •
Bus 1, 2, 6, 11, 12, 13, 22, 28, 36, 37,
D, C2: Stazione   ▶ S. 115, F 3
– S. Giovanni • Loggia del Bigallo,
Piazza S. Giovanni • Bus C2: Roma
                         ▶ S. 116, A 8

BUCHTIPPS

E. M. Forster: Zimmer mit Aussicht
(Fischer, 2005) Englische Roman-
vorlage aus dem Jahr 1908 zum
gleichnamigen Film. Die Heldin
Lucy verliert ihren Reiseführer, gerät
in Panik in der fremden Kultur. Doch
bald »wirkt der schädliche Charme
Italiens auf sie, und, anstatt sich zu
bilden, begann sie, glücklich zu sein.«
Tanja Kinkel: Die Puppenspieler
(Goldmann, 1995) Historischer Ro-
man: Richards Mutter wird als Hexe
verbrannt, doch das Kind wird anschließend über verwandtschaftliche
Beziehungen im Haus der Fugger
aufgenommen. Die Handlung spielt
zunächst am Hof der Kaufmannsfamilie Fugger in Augsburg, dann aber
vor allem im Florenz der Medici zu
Zeiten des Bußpredigers Savonarola
und von Michelangelo. Ein ausge-
sprochen spannender Schmöker.
**Magdalen Nabb: Tod eines Englän-
ders** (Diogenes, 1991) Erster Fall des
Florentiner Ermittlers Guarnaccia,
in dem es um gestohlene Kunstschätze geht. Sehr gut recherchier-
te Florenz-Krimis der englischen
Schriftstellerin, die ganz nebenbei
einen schönen Einblick in den florentinischen Alltag geben.

DIPLOMATISCHE VERTRETUNGEN

Honorarkonsulat der Bundesre-
publik Deutschland   ▶ S. 120, C 14

S. Croce • Corso Tintori 3 • Bus 13, 23,
C3: Tintori • Tel. 2 34 35 43 • E-Mail:
florenz@hk-diplo.de

Konsulat der Republik Österreich
                         ▶ S. 114, C 3

S. Maria Novella • Lungarno Vespucci
58 • Bus C2: Solferino • Tel. 2 65
42 22 • E-Mail: cons.austria@albini
pitigliani.it

Konsulat der Schweiz
                    ▶ S. 119, südl. F 12

S. Gaggio • c/o Hotel Park Palace,
Piazzale Galileo 5 • Bus 13, 30, 75:
Galilei 02 • Tel. 22 24 34 • www.eda.
admin.ch/roma

FEIERTAGE

1. Jan. Capodanno (Neujahr)
6. Jan. Epifania (Dreikönigsfest)
Lunedì di Pasqua (Ostermontag)
25. April Liberazione d'Italia
(Jahrestag der Befreiung Italiens)
1. Mai Festa del lavoro
(Tag der Arbeit)
2. Juni Festa della Repubblica Italiana
(Fest der Republik Italien)
15. Aug. Ferragosto
(Mariä Himmelfahrt)
1. Nov. Ognissanti (Allerheiligen)
8. Dez. Immacolata Concezione
(Mariä Empfängnis)
25. Dez. Natale (Weihnachten)
26. Dez. Santo Stefano
(2. Weihnachtsfeiertag)

FIRENZE CARD

Seit 2001 gibt es die »Firenze Card«
mit der man in die wichtigsten Museen, aktuelle Wechselausstellungen,
in die Villen und Gärten kommt.
Sie kostet 50 €, gilt 72 Std. ab der

Entwertung. Inhaber müssen weder Schlange stehen noch reservieren. Außerdem können sie in diesen drei Tagen die öffentlichen Busse und die Tram gratis nutzen. Pro Karte darf zusätzlich ein Kind unter 18 Jahren kostenlos mit. Man kann die Firenze Card online oder direkt an der Kasse der meisten Museen kaufen.
www.firenzecard.it

GELD

Öffnungszeiten der Banken: Mo–Fr 8.30–13.30 und 14.25/14.45–15.45/ 16.15 Uhr. Fast alle Filialen bieten einen Bancomat-Service, also Geldautomaten. Die gängigsten Kreditkarten sind American Express, Visa, Eurocard (in Italien »Carta sì«) und Diners. Sie werden in größeren Hotels und Restaurants akzeptiert, kleinere Lokale nehmen oft nur Bargeld. Im Supermarkt kann man auch bequem mit der EC-Karte bezahlen.

INTERNET

www.ataf.net
Öffentliche Verkehrsmittel.
www.comune.fi.it
Website der Stadt Florenz.
www.firenzeturismo.it
Die Tourist-Info der Stadt bietet jede Menge Tipps für Events, Ausstellungen, Restaurants, Hotels, Sehenswürdigkeiten etc.
www.florentinermuseen.com
Ausführliche Beschreibungen von 70 Museen und Sehenswürdigkeiten.
www.renaioli.it
In historischen Barken auf dem Arno schippern und den Ponte Vecchio vom Wasser aus bestaunen.
www.uffizi.firenze.it
Einige der wichtigsten Museen mit gemeinsamem Netzauftritt, inkl. virtueller Rundgänge durch die Ge-

bäude. Zudem können Tickets vorab online gekauft werden.

MEDIZINISCHE VERSORGUNG
KRANKENVERSICHERUNG

Die Vorlage einer Europäischen Krankenversicherungskarte (EHIC) ist ausreichend. Als zusätzlicher Versicherungsschutz empfiehlt sich der Abschluss einer Auslandskrankenversicherung, da diese Krankenrücktransporte mitversichert.

KRANKENHAUS
Azienda Ospedaliero Universitaria Careggi ▸ S. 115, nördl. F 1
Rifredi • Largo Brambilla 3 • Bus 40, 43, R: Azienda Ospedaliero Careggi • Tel. 79 41 11 • www.aou-careggi. toscana.it

Medical Service Firenze
▸ S. 116, B 5
Deutschsprachige Ärzte auf Abruf bietet der medizinische Dienst für Touristen. Er ist 24 Std. besetzt.
S. Maria Novella • Via Lorenzo il Magnifico 59 • Bus 8, 12, 81: Poliziano • Tel. 47 54 11 • www.medicalservice. firenze.it

APOTHEKEN

Apotheken sind meist Mo–Sa 9–12 und 16–19 Uhr geöffnet. 24-Std.-Dienst haben folgende Apotheken:

Farmacia Comunale № 13
▸ S. 115, E 3
S. Maria Novella • im Hauptbahnhof Santa Maria Novella • Bus 1, 2, 6, 11, 12, 13, 22, 28, 36, 37, D, C2: Stazione • Tel. 21 67 61

Farmacia Molteni ▸ S. 116, A 8
S. Giovanni • Via de Calzaiuoli 7 r • Bus C2: Orsanmichele • Tel. 28 94 90

NOTRUF

Euronotruf Tel. 1 12
(Polizei, Feuerwehr, Rettungsdienst)
Rettungsdienst Tel. 118

POST

Briefmarken sind zwar auch in den Postämtern zu bekommen, aber am besten in den vielen Tabacchi-Läden der Stadt. Eine Postkarte oder ein Brief ins Ausland kosten 0,75 €, innerhalb Italiens 0,60 € mit posta prioritaria, der Versandart, die zumindest eine Ankunft binnen 1 bis 4 Tagen wahrscheinlich macht. Die Briefkästen sind rot.

REISEDOKUMENTE

Deutsche, Österreicher und Schweizer können mit einem gültigen Reisepass oder Personalausweis (Identitätskarte) einreisen. Kinder brauchen ein eigenes Reisedokument.

REISEKNIGGE

Vorsicht vor fliegenden Händlern: Wer beim Kauf gefälschter CDs, DVDs, Sonnenbrillen, Handtaschen und anderer Markenprodukte erwischt wird, muss eine hohe Geldstrafe zahlen (bis zu 1000 €).
Im Restaurant, Geschäft, in der Bar sowie bei allen Dienstleistungen bekommt man eine Rechnung in die Hand gedrückt, welche der Kunde auch noch bis zu 200 m vom Ort der Ausstellung entfernt behalten muss. Denn in diesem Bereich darf die Finanzpolizei kontrollieren. Wer dann keinen Kassenzettel mehr hat, dem drohen ebenfalls saftige Geldstrafen. Wer in die Kirchen möchte, sollte Schultern und Knie bedecken. Das gilt sowohl für Männer als auch für Frauen: Spaghettiträger, Miniröcke und Shorts sind tabu. Italiener kleiden sich in der Regel recht schick – in kurzen Hosen und Sandalen mit Socken gibt sich der Tourist dagegen schnell als solcher zu erkennen.

In Bussen und im Gedränge sind hin und wieder Taschendiebe unterwegs: Besser gut auf Geldbeutel und Handy aufpassen und nicht unbedingt mit den dicksten Klunkern durchs Gedränge gehen. Wertsachen und Taschen nicht offen im geparkten Auto liegen lassen.

In Restaurant, Trattoria und Co. bestellt man niemals nur einen Teller Pasta – das ist in Italien eine Vorspeise. Im »ristorante« ordert man sogar mindestens zwei Gänge.

Wer zufrieden ist, hinterlässt im Restaurant zwischen 5 und 10 % Trinkgeld. Zimmermädchen, Portiers und Kofferträger im Hotel bekommen 1 € bis 2,50 €, bei Taxifahrten rundet man auf – immer vorausgesetzt natürlich, dass der Kunde zufrieden ist. An der Theke sind Trinkgelder dagegen eher unüblich.

In Restaurants, Bars, Geschäften, Büros und öffentlichen Gebäuden herrscht Rauchverbot, an das sich die Italiener auch halten. Nur wenige Lokale bieten separate Raucherräume.

NEBENKOSTEN

1 Espresso an der Bar	1,00 €
1 Espresso am Tisch	3,50 €
1 Glas Wein	5,00–8,00 €
1 Glas Grappa	4,00–9,00 €
½ Liter Wasser	1,00 €
1 Eis (2 Kugeln in der Waffel)	1,70 €
1 Schachtel Zigaretten	3,00–5,00 €
1 Liter Benzin	1,89 €
Öffentl. Verkehrsmittel (Einzelfahrt mit dem Bus)	1,20 €
Mietwagen/Tag	ab 70,00 €

REISEZEIT

Am schönsten ist es im Frühling von April bis Anfang Juni sowie im September und Oktober. Dann sind die Tage angenehm warm, aber nicht zu heiß, die Schlangen vor den Museen unter der Woche nicht allzu lang.

Von Juni bis August kann es sehr schwül und stickig werden, die Stadt ist voller Touristen. Von Anfang bis Mitte August sind fast nur noch Touristen zu sehen: Viele Restaurants und Geschäfte sind geschlossen, die meisten Italiener sind am Meer – abgesehen von den Beschäftigten in Hotels oder Souvenirshops.

Im Winterhalbjahr von November bis März ist das Wetter meistens wärmer als bei uns, aber es kann oft auch unangenehm nasskalt sein. Dafür erlebt man die Stadt allerdings mit relativ wenig Touristen.

STADTFÜHRUNGEN

Eine Liste mit allen Organisationen, die Stadtführungen anbieten, ist auf www.firenzeturismo.it zu finden.

Caf Tour & Travel ▸ S. 116, B 7

Große Auswahl an Rundgängen und Bustouren durch Florenz und Umgebung. Auch Führungen in den Corridoio Vasariano und Kochkurse.
S. Giovanni • Via degli Alfani 151 r • Bus C 1: Brunelleschi • Tel. 21 06 12 • www.caftours.com

Sightseeing Firenze ▸ S. 115, E 3

Die roten Doppeldeckerbusse mit Cabriodach fahren auf zwei Routen durch die Stadt, die jederzeit unterbrochen werden können. Die Hop-on-and-Hop-off-Busse halten an den wichtigen Sehenswürdigkeiten außerhalb der Fußgängerzone zwischen Dom und Ponte Vecchio, unter anderem am Palazzo Pitti sowie am Bahnhof Santa Maria Novella. Tickets können direkt im Bus oder in vielen Hotels gekauft werden. Abfahrt ca. jede Stunde.
S. Maria Novella • Piazza Stazione 1 • Bus 1, 2, 6, 11, 12, 13, 22, 28, 36, 37, D, C2: Stazione • Tel. 29 04 51 • www.firenze.city-sightseeing.it • tgl. 9.30–18.30 Uhr • 15 €/Tag, Kinder 11 €/Tag

Guided Florence Tours ▸ S. 116, A 6

Paola Angelini und ihre Stadtführer bieten maßgeschneiderte, individuelle Touren auch auf Deutsch nicht nur zu den üblichen Highlights, sondern auch zu versteckten Sehenswürdigkeiten, in Museen oder auch spezielle Führungen für Kinder.
S. Maria Novella • Via Nazionale 24 • Bus 27, 61, 63: Fanfani 02 • Tel. 4 63 16 72 • www.guidedflorencetours.com

Segway Firenze ▸ S. 116, B 8

Radtouren oder Rundfahrten mit englischem Guide auf dem Elektroroller durch Florenz.
S. Croce • Via dei Cimatori 9 r • Bus C2: Condotta • Tel. 2 39 88 55 • www.segwayfirenze.com • 3-stündige Fahrradtour 35 €, Segway-Tour ab 75 €

STROM

Für die neueren Steckdosen wird kein Adapter benötigt, für manche ältere allerdings schon.

TELEFON
VORWAHLEN

D, A, CH ▸ Florenz 00 39
Italien ▸ D 00 49
Italien ▸ A 00 43
Italien ▸ CH 00 41
Florenz 0 55

In Italien muss man die Null am Anfang der Ortsvorwahl sowohl bei Telefonaten aus dem Ausland (00 39/0 55 für Florenz) als auch im Inland wählen. Stattdessen entfällt die Anfangsnull bei Handynummern. Telefonkarten bekommt man in den Tabacchi-Läden, am Kiosk, in der Bar und in Telecom-Shops.

TIERE

Hunde und Katzen benötigen zur Einreise einen EU-Heimtierausweis (stellt der Tierarzt aus) mit Nachweis einer Tollwutimpfung. Das betreffende Tier muss durch einen Mikrochip identifizierbar sein.

TOURISMUSSTEUER

Jeder Tourist zahlt zusätzlich zu den Übernachtungspreisen eine Kurtaxe von 1 € bis 5 € pro Übernachtung. Deren Höhe ist abhängig von der Zimmerkategorie: Pro Stern entfällt je Person 1 € pro Nacht. Nur Kinder unter zehn Jahren sind davon ausgenommen.

VERKEHR
AUTO

Da fast das gesamte Zentrum für Autos gesperrt ist, dürfen Touristen nur bis zu ihrem Hotel fahren – und das auch nur, wenn ihr Hotel das Autokennzeichen zuvor angemeldet hat.

Gelbe und gelb-schwarze Markierungen am Straßenrand sind Zonen für Taxis und Busse – hier darf nicht geparkt werden. Ein weißer Straßenrand bedeutet: Parkscheibe aufs Armaturenbrett. Bei blauen Flächen muss man einen Parkschein lösen.

Am sinnvollsten ist es, das Auto ganz stehen zu lassen. Schließlich ist in Florenz alles mit Bussen und Straßenbahn hervorragend zu erreichen. Günstiger als die teuren Parkhäuser in der Stadt wie etwa am Bahnhof Santa Maria Novella sind die Parkplätze außerhalb der Altstadt, z. B. Parterre in der Nähe der Piazza della Libertà oder Fortezza Fiera an der Fortezza da Basso, nur ein Stück vom Bahnhof Santa Maria Novella entfernt. Weitere Parkplätze unter www.firenzeparcheggi.it.

Parcheggio Parterre
▸ S. 116, nördl. C 5

Rifredi • Via Madonna della Tosse 9 • Bus 25, C1: Libertà 04, Bus 1, 7, 25, 82, C1: Libertà – Mazzoni • 24 Std. geöffnet • 2 €/Std.

Parcheggio Fortezza Fiera
▸ S. 115, E 1

S. Maria Novella • Fortezza da Basso, Piazzale Caduti nei Lager • Bus 2, 14: Romito, Bus 20: Montelungo • 24 Std. geöffnet • 1,50 €/Std.

Mittelwerte	JAN	FEB	MÄR	APR	MAI	JUN	JUL	AUG	SEP	OKT	NOV	DEZ
Tagestemperatur	8	10	14	19	23	28	31	30	26	19	13	9
Nachttemperatur	2	3	6	9	13	16	19	19	16	12	7	3
Sonnenstunden	4	4	5	6	7	9	10	9	7	6	4	4
Regentage pro Monat	9	7	8	8	9	6	3	4	6	9	11	9

FAHRRAD

Inzwischen ist das Fahrradwegnetz der Stadt über 70 km lang und mit roten Streifen am Boden gekennzeichnet. **Florence by Bike** (▸ S. 27) und **Milleeunabici** (▸ S. 47) sind bewährte Agenturen zum Verleih von Fahrrädern.

MIETWAGEN

Fast alle großen Mietwagenverleiher sind in der Stadt vertreten, ihre Büros befinden sich vor allem in den Straßen Via della Scala, Via Maso Finiguerra und Borgo Ognissanti in der Nähe des Bahnhofs Santa Maria Novella. Für Mietwagen mit Vollkasko-Versicherung ohne Selbstbeteiligung ist eine Buchung vorab über www.holidayauto.de oder den ADAC zu empfehlen.

ÖFFENTLICHE VERKEHRSMITTEL

Neben den eigenen Füßen sind die **Busse** die beste Möglichkeit, sich in Florenz zu bewegen. Es gibt eine neue **Tramstrecke** und ein sehr gut ausgebautes Busnetz der Linien Ataf und Li-nea. Bus und Tram sind meist extrem pünktlich. Tickets bekommt man an Kiosken, in Tabacchi-Läden oder im Ataf-Büro am Bahnhof Santa Maria Novella. Wer den Fahrschein erst im Bus kauft, zahlt mehr. Ein Ticket für 90 Min. kostet 1,20 €, für 24 Std. 5 €, 3 Tage gibt es für 12 €, eine Woche für 18 €. Auf dem Tagesfamilienticket für 6 € müssen die bis zu vier Familienmitglieder ihre Namen eintragen.
www.ataf.net, www.li-nea.com

TAXI

Die Taxis sind weiß, die Fahrer schalten in der Regel ohne Aufforderung das Taxameter ein. Der Taxiruf funktioniert auch per SMS. Grundpreis: 3,30 €; Preis pro km in der Stadt: 0,91 €; Zuschlag jedes Gepäckstück: 1 €; Zuschlag für Taxiruf: 1,96 €; Fahrt vom Flughafen zum Hotel im Zentrum: 20 €; weitere Zuschläge entfallen auf Nachtfahrten sowie an Sonn- und Feiertagen.

Taxiruf Socota

Tel. 42 42 • www.socota.it

Taxiruf Cotafi

Tel. 43 90 • www.4390.it

ZEITUNGEN UND ZEITSCHRIFTEN

Über aktuelle Konzerte, Open-Air-Kinos und andere Veranstaltungen informiert auf Englisch das Eventmagazin »The Florentine« (www.theflorentine.net) und auf Italienisch mit einigen englischen Zusammenfassungen »Firenze Spettacolo« (www.firenzespettacolo.it).

ZOLL

Reisende aus Deutschland und Österreich dürfen Waren abgabenfrei mit nach Hause nehmen, wenn diese für den privaten Gebrauch bestimmt sind. Bestimmte Richtmengen sollten jedoch nicht überschritten werden (z. B. 800 Zigaretten, 90 l Wein, 10 kg Kaffee). Weitere Auskünfte erhalten Sie unter www.zoll.de und www.bmf.gv.at/zoll.
Reisende aus der Schweiz dürfen Waren im Wert von 300 SFr abgabenfrei mit nach Hause nehmen, wenn diese für den privaten Gebrauch bestimmt sind. Tabakwaren und Alkohol fallen nicht unter diese Wertgrenze und bleiben in bestimmten Mengen abgabenfrei (z. B. 200 Zigaretten oder 2 l Wein). Weitere Auskünfte unter www.zoll.ch.

Kartenatlas
Maßstab 1:10 000

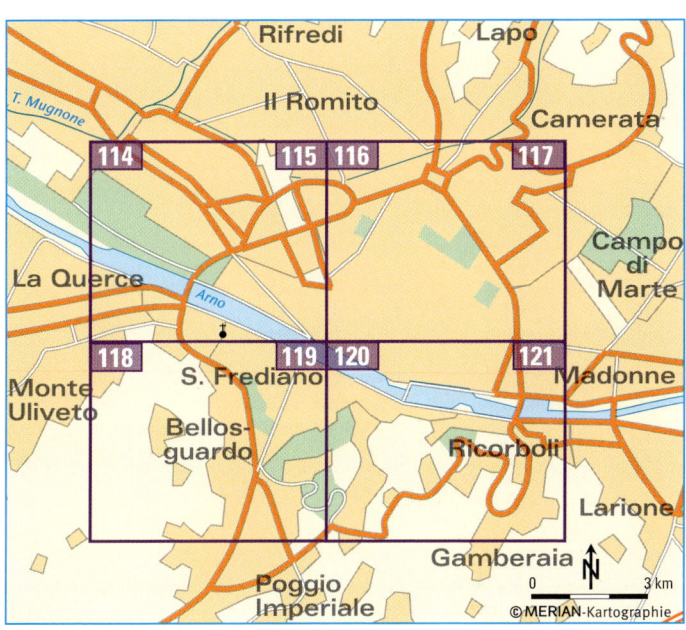

Legende

Spaziergänge

○─→─● Auf den Spuren der Renaissance (S. 84) Start: S. 116, A8

○─→─● Durch das Viertel Santa Croce (S. 86) Start: S. 120, A13

○─→─● Jenseits des Arno (S. 87) Start: S. 119, F10

Sehenswürdigkeiten

🔟 MERIAN-TopTen

🔟 MERIAN-Tipp

⬜ Sehenswürdigkeit, öffentl. Gebäude

✳ Sehenswürdigkeit Kultur

✳ Sehenswürdigkeit Natur

⛪ Kirche; Kloster

Sehenswürdigkeiten ff.

♜ Schloss, Burg; Ruine

✡ Synagoge; Moschee

🏛 Museum

Denkmal

Leuchtturm

Verkehr

Autobahn

Autobahnähnliche Straße

Fernverkehrsstraße

Hauptstraße

Nebenstraße

Unbefestigte Straße, Weg

Fußgängerzone

Verkehr ff.

🅿 Parkmöglichkeit

Ⓑ Ⓗ Busbahnhof; Bushaltestelle

Ⓜ Metro-Station

Bahnhof

Flughafen

Flugplatz

Sonstiges

ℹ Information

Theater

Markt

Zoo

Botschaft, Konsulat

† † † Friedhof

A   B   C

Strizzi Garden, Tenax

Viper Theatre

Bio Bistrot

Via G. L. Spontini

Via Giuseppe Saverio Mercadante

Via del Ponte alle Mosse

Via   Pietro

Via Giuseppe Galliano

Via

Antonio Vivaldi

Via Nicola Porpora

Toselli

Via Benedetto Marcello

V

Via   Carra   A. Scarle

1

Via

Giovanni

Paisiello

Via   delle   delle   Porte

Canale Macinante

Via del Ponte alle Mosse

Via Pier

Viale   del

Visarno

Ippodromo delle Cascine

Velodromo

Via del Fosso Macinante

Ex Stazione

Leopolda

Pi

Porte

2

Viale   del   Visano

Viale   del Vico

Viale   della   Catena

Piazzale **Thomas Jefferson**

Viale   Stendhal

degli

Tennis

Piscina

Sferisterio

Viale   Fratelli Rosselli

l'An

Viale

Parco

Abramo

delle

Olmi

Piazza **Vittorio Veneto**

Via Solferino

Via Solf

Via

Cascine

Lincoln

Corso Italia

Teatro Comu

Piazza **Paolo Uccello**

Via Passignano

Lungarno

del

Lungarno

Amerigo

Via

3

Via   del Pignoncino

Via del Rosso Fiorentino

Baccio

Pignone

Pignone

Bandinelli

Vanni

dei

Piazza **Taddeo Gaddi**

Ponte della Vittoria

Via G.A.

Arno

Via Bronzino

Via Bronzino

Sogliani

della

Pignone

Via Giovanni della Casa

Via del Ponte Sospeso

Via Felice Cavallotti

S. Maria del Pignone

Ronderia

Lungarno

di   San

Via

Pisana

Monte   Uliveto

Piazza **Pier Vettori**

Via

Pisana

Via dell'Anconella

Fuor d'Acqu

4

Ospedale

Viale Raffaello Sanzio

Via di Monte Uliveto

Via Benozzo Gozzoli

Pe

S. Fredi

Cimitero Israelitico

Via del Monte   Uliveto

Viale Aleardo Aleardi

Via Giacomo Zanella

Via Francesco Berni

ale Ludovic

A   B   C

Aeroporto,
NaturaSi

D

E

L'Auditorium Flog,
Teatro di Rifredi

F

Via Cosseria

Guido   Spadolini

Viale Filippo Strozzi

1

Statuto

I Mugnone

Viale Giovan...

Via   Belfiore

etto Marcello

Via Cassia

Via della

Via Cittadella

Via Jacopo Peri

Ghiacciaia

Guido Monaco

Piazzale Montelungo

Viale Filippo Strozzi

Piazzale
Caduti
nei Lager

Fortezza
da Basso

Pal.
delle
Mostre

Via Cosimo Ridolfi

Via Giuseppe B...

Viale Belfiore

Viale Fratelli Rosselli

Viale Filippo Strozzi

Via   Cittadella

Via Jacopo   da   Diacceto

Viale Filippo Strozzi

Pal. dei
Congressi

Via Faenza

Via della Fortezza

Pratello

Indip...

2

Via della Scala

al Prato

Pal. Corsini
sul Prato

Tempio
Inglese

Pal. Ginori
Venturi

Pal.
Sonnino

Bernardo Rucellai

Via degli

Via Oricellari

Via Ori

Lungo   Alamanni

Piazza
Adua

Pal. degli
Affari

Air Terminal

Via Valfonda

Bernardo
Cennini

Piazza del
Crocifisso

Via

Sant'Onofrio,
Cenacolo
di Fuligno

Via Giuseppe
Montanelli

Guelfa

Via Sant'Antonino

Via Nazionale

Faenza

Mercato
Centrale

116

de

Via del Canto

Piazza
Madonna
Aldobrandini

3

Via Santa Caterina da Siena

Stazione Centrale
di Santa Maria
Novella

FS

Piazza della
Stazione

Largo
Alinari

Fototeca/
Museo
Alinari

Piazza
dell'Unità
Italiana

Via degli Avelli

Via dell'Ariento

Piazza
San
Giovanni

Ce...
M

Ba...

Via

Garibaldi

bello Sollerno

Palestro

Il Prato

Pal.
Favard

Via S.
Lucia

Via dell'Alloro

Via della

Via dei Canacci

Via dei

Via Bene
-detta

Scala

Santa Maria
Novella

Piazza
Santa Maria
Novella

Via dei Banchi

Via del Moro

Via del Giglio

Via dei Cerretani

Via Panzani

Via de' Rondinelli

Piazza
dell'
Olio

Via de'
Vecchietti

Via dei Pecori

Bap...

Pza. S.
Maria Maggi...

Via de...

di Italia

Curtatone

Via

Via

Via Melegnano

Via Maso Finiguerra

Palazzuolo

Oratorio
S. Francesco
d. Vanchetoni

Ognissanti

Via del Porcellana

Via S. Paolino

Loggia d.
S. Paolo

Via del Moro

V. del
Trebbio

Pal.
Antinori

S. Gaet.

degli Agli

Via de'
Tornabuoni

Via dei
Corsi

Via Vecchietti

Via de' Brunelleschi

Ponte
Vespucci

Lungarno   Amerigo   Vespucci

Pescaia S. Rosa

Pal. Spini Feroni,
Museo Ferragamo

Montebello

Ognissanti

Via della Vigna Nuova

Via del Sole

S. Paolino

S. Paolino

Piazza
Ognissanti

Ospedale
S. Giovanni
di Dio

Mus.
Marino Marini,
San Pancrazio

Pal.
Rucellai

Via della Vigna Nuova

Via della Spada

Pal. de'
Lardarelli

Piazza
Goldoni

Pal.
Corsini

Lungarno

Via del Parione

Via del Purgatorio

Santa
Trinità

Ponte
alla Carraia

Via de' Federighi

Via del Moro

Via della

Via dei

Soderini

Lungarno

Corsini

Pal.
Strozzi

Via degli Strozzi

Via degli
Anselmi

Via de'
Pescioni

Via
Monalda

Pal. de'
Davanzati

Pal.
Bartolini

Piazza
Santa
Trinità

Piazza de'
Davanzati

Pal.
Parte Guelfi

Via Pellicceria

Piazza de'
Davanz...

Pal.
S...

SS. Apostoli

Via d'
Ardiglione

Via del Leone

Via
L. Bartolini

Lungarno   Vespucci

Lungarno   del

Via del Tiratoio

Via del Tiratoio

Piazza
del Tiratoio

Piazza di
Cestello

San Frediano
in Cestello

Borgo

Via di Camaldoli

Via de'
Serragli

Lungarno

Soderini

Ponte
alla Carraia

Borgo
San Frediano

Via del
Cardatore

Piazza
de' Nerli

Via dei
Tessitori

D

S. Frediano

119

E

Piazza
N. Sauro

Piazza del
Carmine

Borgo
Stel...

Lung...

Via Santa...

Via
Guicciardini

F

Pal.
Guicciardini

Piazza de'
Apostoli...

300 m

N

© MERIAN-Kartographie

4

A B C

T. Mugnone

Viale Giovanni Milton

Museo Stibbert

Chiesa Russa

Il Magnifico

Via Lorenzo

Piazza della Libertà

Porta San Gallo

Viale Filippo Strozzi

Viale Spartaco Lavagnini

Via Leone X

Via delle Mantellate

Via Duca d'Aosta

Via Bonifacio Lupi

Via San Gallo

Via Camillo Cavour

Viale Giacomo Matte

Viale Giacomo

5

Via Enrico Poggi

Via Salvatore M

Via Camillo Cavour

Via Alfonso Lamarmora

Via Gustavo

Cher

Via Giuseppe Dolfi

Via Barbano

Via Cosimo Ridolfi

Via G. Dolfi

Via Santa Caterina d'Alessandria

Piazza di Santa Caterina d'Alessandria

Via Ferdinando Bartolomeo

Via B. Lupi

Pal. Pandolfini

Via Sant'Anna

Via Venezia

Via Luigi

Via San Zanobi

Prialto

La Fortezza

Via Ventisette Aprile

Via Santa Reparata

Piazza della Indipendenza

Via Nazionale

Chiostro dello Scalzo

Via della Dogana

Museo Botanico

Giardino dei Semplici

Museo Mineralogico

Pal. Cappo

Via Antonio Micheli

6

Sant'Onofrio, Cenacolo di Fuligno

Via Guelfa

Cenacolo di Sant'Apollonia

San Marco

Museo di S. Marco

Museo Mineralogico

Via Panicale

Via Taddea

Via Sant'Orsola

Biblioteca Marucelliana

Piazza San Marco

Università

Santissima Annunziata

Casa Zuccari

Via Gino Capponi

Via Chiara

Via Faenza

Mercato Centrale

Piazza del Mercato Centrale

Trattoria Mario **3**

Via Ricasoli

9 Galleria dell'Accademia

Via Cesare Battista

Pal. Riccardi Manelli

Piazza della Santissima Annunziata

Museo Archeologico **10**

Via della Colonna

115

Via Sant'Antonino

Via dell'Ariento

Via Panzani

Via del Canto de' Nelli

6 San Lorenzo

Cappelle Medicee

Piazza Madonna Aldobrandini

Biblioteca Laurenziana

Via de' Ginori

Pal. Medici Riccardi **i**

S. Giovanni

Pal. Panciatichi

Pal. Pucci

Opificio delle Pietre Dure

Pal. Niccolini

Via degli Alfani

Via d'Alfani

Spedale degli Innocenti

Rotonda di S. Maria degli Angeli

Piazza Brunelleschi

Ospedale di Santa Maria Nuova

Via Nuova dei Caccini

7

Piazza San Firenze

Via Faenza

Via de' Cerretani

Baptisterium

Pza. Santa Maria Maggiore

Via de' Pecori

Piazza San Giovanni

Loggia del Bigallo

Via de' Tosinghi

Teatro Niccolini

Piazza Dom **2**

Campanile del Duomo

S. Maria in Campo

Museo dell'Opera del Duomo

Museo Firenze com'era

S. Egidio

Piazza Santa Maria Nuova

Teatro della Pergola

8

Via degli Strozzi

Pal. Strozzi

Via de' Vecchietti

Via Brunelleschi

Pza. della Repubblica

Via Roma

Via degli Speziali

Calimala

Via de' Medici

Pza. Sta. Elisabetta

Via delle Oche

Casa di Dante

Teatro Stabile

Teatro Paolo Graziosi

Palazzo Nonfinito, Museo Naz. di Antropologia ed Etnologia

Via del Corso

Borgo degli Albizi

Piazza Salvemini

Pal. Davanzati

Mercato Nuovo

Orsanmichele

Pal. d'Arte d. Lana

Casa d. Carlo Lombardi

Dante Alighieri

Via del Proconsolo

Via Pandolfini

Teatro Verdi

Casa Buonarroti

Via de' Lamberti

Via Porta Rossa

Fontana del Porcellino

Pza. J. M. Nuovo

Pal. Bombicci

Pal. V. Gondi **4**

Via della Condotta

Via de' Cimatori

Via dei Magazzini

Badia Fiorentina

Mus. Naz. Ghibellina del Bargello

Via Vigna Vecchia

S.S. Simone e Giuda

Piazza

Via dei Neri

Mus. Pal. Vecchio

Piazza della Signoria

Borgo de' Greci

Via de' Benci

Borgo degli

Via de' Leoni

Loggia dei Lanzi

S. Stefano al Ponte

Via della Ninna

Loggia

120

Piazza Peruzzi

Mellini Fossi

Santi Apostoli

Borgo SS. Apostoli

Via dell'Acciaiolo

Piazza Santa Croce

A B C

Arno

Taddeo Gaddi

Via Bronzino

114

A   B   C

Via Giovanni
della Casa
Via Bronzino

Pignone

Via   Pisana

Via del Ponte Sospeso

Via Felice Cavalotti

S. Maria del
Pignone

fonderia

Lungarno   di   San

Monte   Uliveto

Piazza
Pier Vettori

Via di Monte Uliveto

Via

Pisana

Via dell'Anconella

9

Ospedale

Viale Raffaello Sanzio

Via Benozzo Gozzoli

Fuor d'Acqu
Po
S. Fredia

2

Via di   Monte   Uliveto

Viale Aleardo Aleardi

Via Giacomo Zanella

Via Francesco Berni

Cimitero
Israelitico

L
L
L
L
L
L

Via Ludovic

Viale A

Villa Fioravanti

Via Domenica Burchiello

Via Luigi Pulci

10

Via di Monte Uliveto

S. Vito

Via   di   San   Vito

Via di San   Vito

Via   di   San

Via San Francesco di   Paola

di

Bellosguardo

Villa Brichieri Colombi

Villa Roti Michelozzi

San Francesco
di Paola

Via

del

11

Via di S.   Carlo

Via   Piana

Villa dell'
Ombrellino

Torre Montauto

Bellosguardo

Via Ippolito Pindemonte

Bigazzi

Villa
Maria

Via Ugo Foscolo

Pietro

Via   Ugo

Foscolo

Via   Piana

12

Via Giovanni

Prati

Via Via

Via del

La Fattoressa

Via   S.   Maria   da   Marignolle

A   B   C

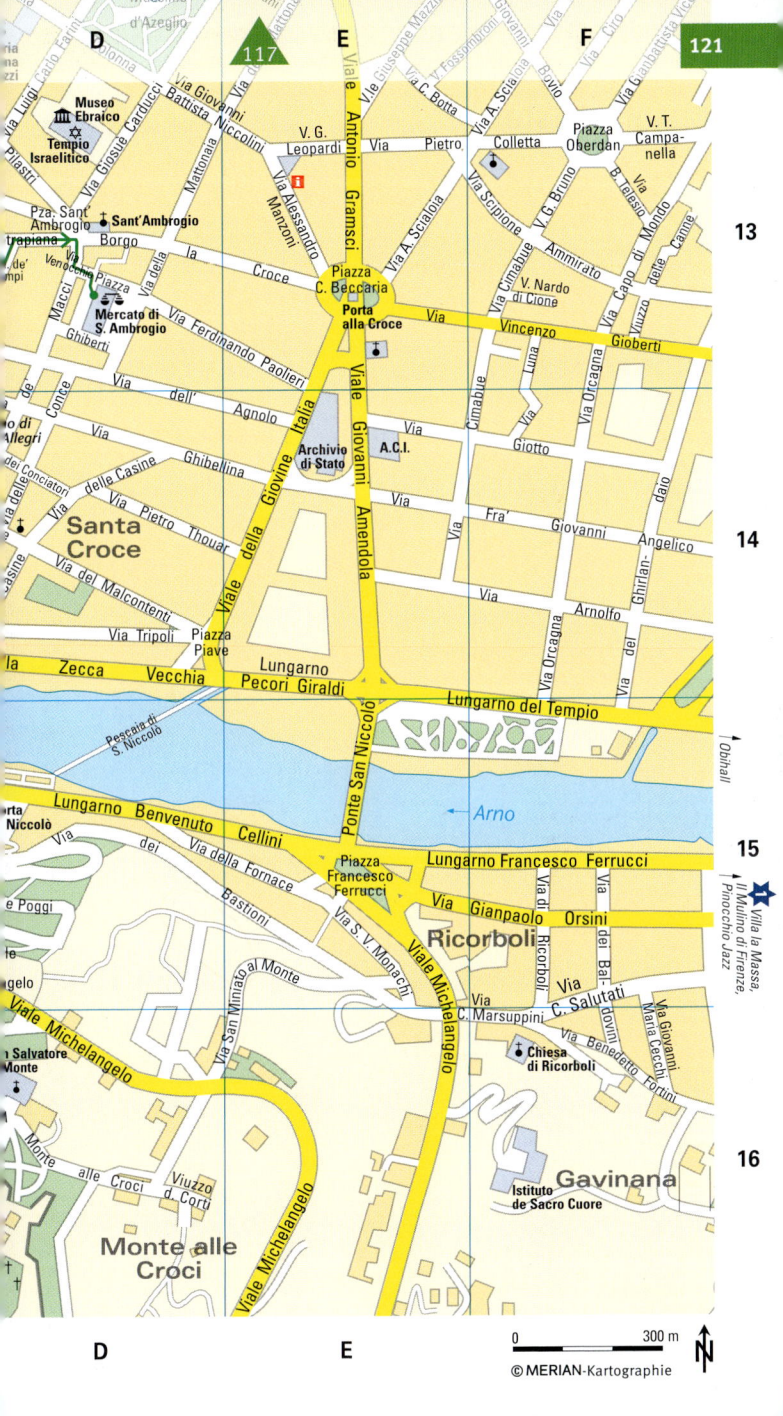

Kartenregister

Orts- und Sachregister

Wird ein Begriff mehrfach aufgeführt, verweist die **fett** gedruckte Zahl auf die Hauptnennung, eine *kursive* Zahl auf ein Foto.

Abkürzungen:
Hotel [H]
Restaurant [R]

Liebe Leserinnen und Leser,
vielen Dank, dass Sie sich für einen Titel aus unserer Reihe MERIAN *live!* entschieden haben. Wir freuen uns, Ihre Meinung zu diesem Reiseführer zu erfahren. Bitte schreiben Sie uns an merian-live@travel-house-media.de, wenn Sie Berichtigungen und Ergänzungen haben – und natürlich auch, wenn Ihnen etwas ganz besonders gefällt.

Alle Angaben in diesem Reiseführer sind gewissenhaft geprüft. Preise, Öffnungszeiten usw. können sich aber schnell ändern. Für eventuelle Fehler übernimmt der Verlag keine Haftung.

© 2013 TRAVEL HOUSE MEDIA
   GmbH, München
MERIAN ist eine eingetragene Marke der GANSKE VERLAGSGRUPPE.

Alle Rechte vorbehalten. Nachdruck, auch auszugsweise, sowie die Verbreitung durch Film, Funk, Fernsehen und Internet, durch fotomechanische Wiedergabe, Tonträger und Datenverarbeitungssysteme jeglicher Art nur mit schriftlicher Genehmigung des Verlages.

BEI INTERESSE AN DIGITALEN DATEN AUS DER MERIAN-KARTOGRAPHIE:
kartographie@travel-house-media.de

BEI INTERESSE AN MASSGESCHNEI-DERTEN MERIAN-PRODUKTEN:
Tel. 0 89/4 50 00 99 12
veronica.reisenegger@travel-house-media.de

BEI INTERESSE AN ANZEIGEN:
KV Kommunalverlag GmbH & Co KG
Tel. 0 89/9 28 09 60
info@kommunal-verlag.de

TRAVEL HOUSE MEDIA
Postfach 86 03 66
81630 München
merian-live@travel-house-media.de
www.merian.de

1. Auflage

PROGRAMMLEITUNG
Dr. Stefan Rieß
REDAKTION
Anne-Katrin Scheiter
LEKTORAT
Ewald Tange, tangemedia, München
BILDREDAKTION
Nora Goth
SCHLUSSREDAKTION
Gisela Wunderskirchner
SATZ
Ewald Tange, tangemedia, München
REIHENGESTALTUNG
Independent Medien Design,
Elke Irnstetter, Mathias Frisch
KARTEN
Gecko-Publishing GmbH
für MERIAN-Kartographie
DRUCK UND BUCHBINDERISCHE VERARBEITUNG
Stürtz Mediendienstleistungen, Würzburg

Ein Unternehmen der
GANSKE VERLAGSGRUPPE

PEFC
PEFC/04-31-1404

BILDNACHWEIS
Titelbild (Baptisterium, Campanile und Dom, Florenz), laif: J. Modrow
Alle Fotos G. Knoll außer:
Arco Images: Camerabotanica 26 • Florencetown 44 • R. Masucci & L. Valloriani 47 • mauritius images: Alamy 10/11, 43, 58, 96/97, R. Mattes 70 • Ristorante La Giostra, Florence 21 • A. Scheiter 88 • Villa la Massa 9 Mitte • L. Villoresi 31